NOS

Coordenação da Coleção Bollas
Amnéris Maroni

CHRISTOPHER BOLLAS

Segure-os antes que caiam

Tradução
Liracio Jr.

A Psicanálise do Colapso

Nesta investigação de uma abordagem radical ao tratamento psicanalítico de pessoas à beira do colapso mental, Christopher Bollas nos oferece um paradigma clínico corajoso e inovador.

Ele sugere que a função inconsciente do colapso consiste em revelar o *self* ao outro, visando uma compreensão transformativa, de modo que o ponto nodal de angústia seja desvelado e compreendido de forma direta. Se detectado a tempo, um colapso pode vir a ser um atravessamento imbuído da mais profunda significação pessoal. Doravante, este processo demanda uma percepção aguda para que o significado referido seja liberado em todo o seu potencial transformativo.

Bollas acredita que a hospitalização, a medicalização intensiva e a TCC/TCD anulam a oportunidade de transformação e propõe que muitos desses pacientes deveriam se submeter a um processo de análise extensa e intensivamente.

Este livro se destina àqueles psicoterapeutas que acham insuficiente o trabalho psicanalítico convencional recomendado para enfrentar uma crise emergente quando lidam com pacientes à beira de um colapso. No entanto, a proposta desafiadora de Bollas levanta muitas questões, e, no capítulo final do livro, algumas delas são formuladas por Sacha Bollas e respondidas pelo autor.

Christopher Bollas, *PhD, é um psicanalista que atua em Londres*
Sacha Bollas, *PsyD, é um psicólogo que atua em Los Angeles*

11
PREFÁCIO
Lia Pitliuk

23
INTRODUÇÃO

39
CAPÍTULO UM
Selves colapsados

49
CAPÍTULO DOIS
Sinais de colapso

65
CAPÍTULO TRÊS
As diretrizes

77
CAPÍTULO QUATRO
Emily

85
CAPÍTULO CINCO
Anna

103
CAPÍTULO SEIS
Mark

113
CAPÍTULO SETE
Histórias e o *après-coup*

123
CAPÍTULO OITO
Tempo

129
CAPÍTULO NOVE
Experiência emocional

137
CAPÍTULO DEZ
Reflexão, explicação e elaboração

153
CAPÍTULO ONZE
Mudança psíquica

159
CAPÍTULO DOZE
Conclusão

167
CAPÍTULO TREZE
Perguntas

201
REFERÊNCIAS BIBLIOGRÁFICAS

203
ÍNDICE REMISSIVO

PREFÁCIO

Lia Pitliuk

A lealdade à clínica

Esta publicação nos oferece uma oportunidade ímpar de apreender a potência clínica de Christopher Bollas, sobretudo em seu respeito pela experiência analítica como tal, por ele situada acima das fidelidades institucionais, dos parâmetros burocráticos, das injunções capitalistas, dos preconceitos, do comodismo. Sua inventividade retrata a prática de um pesquisador verdadeiramente à altura do termo *independente*, conferido ao grupo de analistas da sociedade britânica que não se identificavam com as correntes de pensamento dominantes — e dominadoras.

Parece um contrassenso destacar o que, de fato, é a essência desse campo, marcado pela singularidade e, portanto, avesso a manuais e a procedimentos-padrão. Entretanto, mesmo na psicanálise, os temas-tabu não estão ausentes, e alguns assuntos fundamentais permanecem em segredo por longos períodos, antes de poderem ser debatidos. Durante décadas, o próprio Bollas se limitou a discutir o tema deste livro em um pequeno grupo de trabalho e em algumas poucas palestras, de modo a se manter livre para desenvolver suas experimentações e reflexões críticas. Até que, convencido do valor de suas descobertas, em 2013 publica este volume em que descreve, longa e detalhadamente, os procedimentos que vinha adotando para lidar com experiências críticas e extremamente dolorosas de alguns analisandos. Ele o faz com muitos cuidados, incluindo o de apresentar e reapresentar, explicar e argumentar, num esforço de combater a rejeição apressada a que costumam estar expostas as frequentemente chamadas transgressões analíticas.

No cerne do trabalho está a lealdade de Bollas à clínica ao assumir a responsabilidade por favorecer e mesmo fomentar o processamento psíquico nos momentos costumeiramente nomeados como *colapsos* (*breakdowns*).[1] Sem se constituir em conceito analítico, o termo se refere a uma experiência psíquica de pane, ruptura, perda de equilíbrio, desarranjo, desagregação, descompensação, assim descrita pelo autor:

---

[1] Na psicanálise britânica, o termo ficou consagrado com base no artigo de Winnicott "O medo do colapso" ("Fear of Breakdown"), publicado em 1974. Entretanto, não é com esse trabalho em particular que Bollas dialoga, e sim com o conjunto da obra do autor inglês, sobretudo no que se refere aos pontos de continuidade e de diferenciação de suas estratégias clínicas.

"[...] Há uma diminuição notável na capacidade do paciente de executar as tarefas comuns da vida, e isso é acompanhado por um aumento evidente em sua sensação de desamparo e de angústia, esta em níveis drasticamente elevados. As camadas de ansiedade e depressão obviamente tomam conta do paciente, e isso logo o leva a uma depressão clínica ou agitada, bem como a ataques de pânico agudos, distúrbios do sono e assim por diante. A observação dessas mudanças fará soar o sinal de alarme em qualquer analista."

Segundo Bollas, quando mal tratadas, essas experiências se cristalizam no que ele chama de *"broken selves"*: *selves* psiquicamente limitados, tanto do ponto de vista dos afetos quanto dos desejos, e desistentes das relações objetais. Como resultado, tem-se vidas desperdiçadas e mesmo arruinadas — seja pela rigidez defensiva, seja pelas sequelas do desmantelamento subjetivo.

Com o objetivo de "bem tratar" o colapso, sua proposta clínica envolve os elementos-chave de uma prática analítica: sustentação (*holding*), nos vários sentidos da palavra; confiança na associatividade e na produtividade psíquicas, em suas funções desconstrutiva e generativa; profunda receptividade ao que surge; e trabalho elaborativo no nível em que for possível. O novo, aqui, é que esses ingredientes aparecem articulados num *setting* particular — um parêntese em processos analíticos tradicionais — que se mostrou extremamente efetivo no atendimento da experiência do colapso.

Colapso e trabalho psíquico

O autor não está se referindo a quadros clínicos específicos, e sim a colapsos — não psicóticos — que geralmente eclodem na adolescência ou no início da vida adulta. Às vezes, são desencadeados por um acontecimento externo — com frequência um evento sutil, inapreensível pelos meios reflexivos habituais, já que seus sentidos maiores se ancoram em significações inconscientes.

Nos eventos precipitantes, Bollas identifica um vetor que aponta para alguma forma de abandono e/ou ruptura: o término de uma relação amorosa, uma morte, uma rejeição profissional, ou mesmo "um cartão de crédito recusado, uma multa de estacionamento, um comentário indelicado de um estranho —, a tal ponto que seu efeito tóxico só poderá ser compreendido por meio da análise do seu significado inconsciente.". Pois são acontecimentos que "[...] podem suscitar questões psicológicas latentes que se precipitam no vazio criado pela rejeição e preenchem o espaço com afeto diferido, geralmente decorrente de um evento muito mais profundo e perturbador na infância do *self*".

Rompe-se o equilíbrio sustentado até aí, há uma vivência de catástrofe, e a situação passa a exigir intervenções que escapam à prática da análise-padrão — muito frequentemente a administração de medicamentos e/ou internação. Este me parece ser o elemento central do debate relativo ao valor, à pertinência e às implicações da proposta do autor: esta não deve ser comparada com a análise-padrão, e sim com as medidas extra-analíticas com que tradicionalmente a situação é enfrentada. Visando ao amortecimento da experiência, o habitual são intervenções que proporcionam alívio por afastarem o sujeito de suas questões psíquicas cruciais.

Em sentido radicalmente oposto, Bollas sustenta que as experiências envolvidas no colapso precisam ser acolhidas, contidas e desdobradas, pois "desviar o *self* dos significados de sua fragilidade produz uma nova forma particular de perda". Este é o ponto que, a todo custo, o autor busca evitar: o uso de procedimentos que atentem contra as capacidades integrativas e elaborativas dos sujeitos em situação de colapso.

Bollas, então, propõe uma *análise estendida*: uma alteração do *setting* habitual por um período limitado, fornecendo ao analisando um suporte ambiental robusto que permita um trabalho analítico de alta intensidade. Um espaço em que seja possível destilar "questões mentais cruciais, as quais, a partir de um momento agudo, ficam abertas a mudanças em virtude da vulnerabilidade do self".

> [...] é um momento de grande promessa. Um colapso é a ação diferida mais poderosa da vida de uma pessoa. Traz consigo uma combinação muito intensa de vulnerabilidade, desejo de ajuda e vontade de cooperar em uma nova aliança terapêutica, ao mesmo tempo que há uma diminuição significativa de defesas e resistências, um alto grau de especificidade inconsciente em relação ao problema central e uma nova valorização da historicidade [...].

No cerne dessa montagem clínica está a convicção do autor de que, ao promover contato com experiências emocionais avassaladoras da vida infantil, o colapso é potencialmente generativo e transformador. Uma promessa, ele escreve, que dependerá — como em tudo que é da ordem subjetiva — do entrejogo com as disponibilidades ambientais.

Holding e trabalho psíquico

Bollas está totalmente convencido de que o não provimento de suportes necessários pode ter consequências catastróficas:

> [...] Como o paciente não foi acolhido, seu pânico aumentará, e o evento histórico originário (ou as estruturas mentais organizadas na primeira infância), que está agora emergindo, coincide com o mesmo tipo de falha, ou fratura egoica, que ocorreu na primeira infância. O trauma atual, agora, torna-se uma afirmação de que a situação original — seja a internalização da loucura dos pais ou a própria resposta distorcida do *self* ao mundo — é a verdade. Quando isso se consolida, penso que não pode ser desfeito [...].

Esse é o modo de Bollas afirmar que a sustentação ambiental em momentos de colapso é decisiva. Entretanto, ao enfatizar, na esteira de Winnicott, a importância de um *holding* ambiental suficientemente bom, Bollas percebe o risco de que sua proposta seja banalizada se equiparada a uma oferta de afeto, empatia, bondade etc. Um ambiente acolhedor é, sem dúvida, um elemento importante em momentos de regressão e de fragmentação. Entretanto, reduzir a noção de *holding* a uma dimensão sentimentalista é completamente equivocado, já que a própria ideia de *segurar,* de acolhimento, de sustentação e suporte, é multidimensional, é avessa às oposições binárias, como *afeto* e *intelecto, holding* físico e *holding* psíquico ou, ainda, *acolhimento* e *interpretação.*

> A característica mais importante do ambiente de acolhimento na psicanálise é o ato de interpretação. Cada passo interpretativo é parte do *"holding* psicanalítico". A pessoa se sente compreendida, não apenas pela presença de um outro empático; mas, sobretudo, pelo entendimento perspicaz que o analista tem do motivo pelo qual ela se acha nessa situação. De fato, nesse nível, a interpretação é uma forma de amor [...].

Entendemos que todo o dispositivo de sustentação montado por Bollas é, na mesma perspectiva, "uma forma de amor", que engloba a ampliação da disponibilidade do analista e a organização de uma competente equipe multidisciplinar, abrangendo desde suporte médico até serviços de motorista, que garante que os traslados do analisando se deem em segurança. Aliás, para o autor, não se trata de amparo apenas do analisando: o *holding* assim construído visa, ao mesmo tempo, à sustentação do analista em sua posição e função.

Essa configuração promove condições para uma intensificação da análise — maior frequência de sessões e/ou sessões de duração estendida —, e, nesse contexto, Bollas descreve como se posiciona e como intervém. Por exemplo, atento ao risco de que sua estratégia seja tomada como atitude pessoal altruísta, sacrificial e heroica, o autor sustenta, insistentemente, que *esse é o trabalho do analista.*

Trata-se de um posicionamento essencial, diz Bollas, para preservar a dimensão analítica da relação nos novos moldes de trabalho.

Evidentemente, assumir que esse é o trabalho do analista não significa negar que há transformações: as mudanças no *setting* introduzem, obviamente, alterações na relação e no próprio trabalho, que deverão ser processadas no devido tempo. De fato, o processo analítico será necessariamente atravessado por *quaisquer* intervenções emergenciais, e as tradicionais — medicação e internação —, já produziam efeitos consideráveis. Como diz o autor: "Se a pessoa está em colapso, o *setting* já está em processo de transformação".

Trata-se, de fato, de *escolher* as mudanças de *setting* — temporárias, como Bollas não deixa de sublinhar — que melhor atendam às necessidades emergentes. A escolha de Bollas recai sobre uma resposta *psicanalítica* intensiva à experiência de colapso: implementar mudanças que permitam e favoreçam um processamento psíquico do que está se passando, e evitar as que o dificultem ou impeçam. Como bem expresso na metáfora de André Green, trata-se da construção de um estojo (o *setting*) que seja capaz de alojar e proteger a joia do tratamento (o método psicanalítico).

(Com)posições

A questão fundamental aqui é como sustentar o método psicanalítico em uma condição tão excepcional: a de um eu em estado de pânico, um eu fraturado, despedaçando-se ou se desmoronando, e em grande sofrimento. Para essa situação, o autor concebe uma estratégia clínica específica: firmeza nos posicionamentos do analista, foco consciente no desencadeamento do colapso, concessão do tempo de espera necessário ("O tempo é a variante essencial de quão bem se pode ajudar um paciente que está à beira de um colapso."), clareza na comunicação interpretativa. Ou seja, trata-se de um método analítico voltado para a complexidade e a produtividade dos processos primários e que também fornece formulações explicativas diretas e simples. Assim, tem-se um analista que defende veementemente o método — associação livre e atenção flutuante — e que também faz perguntas específicas, focais e concretas.

A estratégia de Bollas implica uma composição delicada entre produtividade inconsciente e recursos conscientes, e entre complexidade — dos processos psíquicos envolvidos — e simplicidade — no manejo e na comunicação. Uma combinação que se mostra extremamente eficaz para o enfrentamento do colapso: a partir dessa montagem, diz o autor, o processo desemboca na saída rápida da crise aguda e na retomada da análise em seu padrão habitual.

O que torna isso possível é o fato de que Bollas não trabalha na chave da oposição e do conflito que tanto caracterizaram o pensamento da modernidade — "isto *ou* aquilo" —, em que se descolar de uma posição significa "cair" na outra. Assim como Winnicott, Deleuze ou Derrida, Bollas se situa no campo das diferenças não oposicionais — "isto *e* aquilo" —, sem tanto temor da mistura, do contágio, da confusão.

Isso é patente na centralidade que têm, em sua obra, algumas noções winnicottianas, como as de transicionalidade e de uso do objeto, e em muitas das suas invenções conceituais e clínicas, por exemplo, em seu conceito de *interformalidade,* relativo aos efeitos estéticos dos encontros. Bollas diz, inclusive, que é por essa via que o analista apreende o risco de um colapso iminente:

> [...] se o analisando introduzir inconscientemente uma diferença sutil de seu idioma pessoal, isso será registrado pelo analista. De início, esse registro será subliminar; mas à medida que se repetir ao longo do tempo, a diferença se afirmará como um padrão, e isso suscitará no analista um certo sinal de ansiedade, como se um trecho de Brahms aparecesse no meio de uma sonata de Mozart.

A cooperação entre os trabalhos conscientes e inconscientes ocupa o primeiro plano. Numa entrevista, à época do lançamento do livro, ele afirma, por exemplo:

> As faculdades intelectuais são cruciais para uma pessoa que está tendo um colapso. (...) [trata-se de] dar [aos pacientes] algo que pode aumentar sua integração egoica quando estão em pedaços (...) deve-se fornecer ao paciente uma figura lúcida que o ajude a compreender a que tudo aquilo se refere.[2]

De fato, em sua opinião, um dos passos fundamentais do processo é a recuperação mnêmica do evento desenca-

---

[2] New Books in Psychoanalisis: Christopher Bollas, "Catch Them Before They Fall: The Psychoanalysis of Breakdown" (Routledge, 2013). Podcast. Disponível em https://podcasts.apple.com/sn/podcast/christopher-bollas--catch-them-before-they-fall-psychoanalysis/id423338807?i=1000364269273. Acesso em 19/07/2022.

deante — muitas vezes, como já sublinhamos, algo extremamente sutil, de cuja importância o analisando não tem notícia. O autor dirá que se a dupla analítica puder chegar rapidamente a uma compreensão do que está em jogo naquele *breakdown*, o colapso pode até ser contido. Nesse intuito, Bollas propõe que o analista assuma uma posição de questionamento ativo para que, na descrição dos acontecimentos recentes, emerja o evento que precipitou a crise. Um ponto de partida sólido, digamos, para o trabalho posterior com as articulações inconscientes envolvidas na experiência de descompensação.[3]

Não é possível ler este livro sem sermos profundamente afetados por ele. Num primeiro nível, ele nos instiga, como leitores analistas, a revisar as acolhidas psicanalíticas que demos, ou que não pudemos dar, a alguns dos nossos analisandos nas situações emergenciais que acompanhamos. Vale ressaltar que as experiências que o autor compartilha e debate neste volume foram vividas em Londres, há várias décadas, em um contexto psicanalítico, cultural e socioeconômico bastante diverso do que experimentamos hoje no Brasil. Elas se constituem, mais que tudo, numa inspiração e num convite a pesquisar e repensar, sempre, enquanto analistas, como melhor atender às necessidades singulares das situações com que nos defrontamos. Aí radica seu maior sentido e valor.

---

[3] Notamos aqui a semelhança com a técnica freudiana dos *Estudos sobre a histeria*, em que a pesquisa partia da lembrança que os pacientes tinham a respeito do surgimento de cada sintoma. Ou, ainda, com a da *Interpretação dos sonhos*, em que o trabalho partia da recuperação dos restos diurnos ligados a elementos pontuais do sonho manifesto.

Já para além de sua temática mais específica, neste texto ressoam as dimensões éticas, políticas, teóricas e clínicas do pensamento de Bollas como um todo. Sublinhamos já alguns elementos de peso, aos quais podemos adicionar, por exemplo, a ideia de que o analista *se deixe usar* para que o analisando *viva uma experiência* até então impedida e que, em seguida, será pensada; o foco do trabalho na articulação do *idioma* do analisando com base nas potências *generativas* evocadas no espaço analítico — incluindo-se aí a prática do que o autor chama de *celebração* da presença do idioma próprio; a consideração dos *conjuntos históricos* como elementos fundamentais da integração de estados de *self* antes dissociados etc. A lista seria infindável. Ao mesmo tempo, como em todos os escritos do autor, somos profundamente tocados por seu engajamento na clínica, por sua sensibilidade e pela qualidade da sua presença.

É na confluência de todos esses fatores que se situa a potência transformacional deste livro.

São Paulo, julho de 2022

INTRODUÇÃO

As pessoas buscam a psicanálise ou a psicoterapia por razões variadas. Poucas delas o fazem a fim de experienciar um colapso, ainda que algumas se encontrem por um fio. Ao recorrerem conscientemente a uma "terapia pela fala", a fim de entrarem em contato com aquilo que, de modo resignado, denominamos "questões relacionais" ou "problemas situacionais", muitas dessas pessoas já estão em contato com uma severa dor mental que as torna incapazes de imaginar a própria sobrevivência.

Os psicanalistas vieram a perceber que, se um processo de análise ocorre várias vezes por semana e o analisando regride à dependência de maneira bastante ordinária — diminuindo as defesas, abrindo o *self* para a transformação interpretativa, abandonando padrões perturbados de personalidade —, o *self*, usualmente, vivencia um colapso lento e cumulativo de modo não traumático. É assim que muitas psicanálises trabalham e, na maioria das vezes, a análise convencional dispensa qualquer complementação.

Há alguns clínicos que, usualmente por estarem vinculados a um hospital psiquiátrico, têm um interesse especial em realizar seu trabalho analítico com pessoas psicóticas. A maioria dos analistas, no entanto, atende uma vasta gama de pacientes e, só de forma esporádica, entra em contato com a psicose ou com alguém à beira de um colapso. Via de regra, qualquer catástrofe potencial pode ser atenuada por meio do trabalho psicanalítico convencional; mas, em certas ocasiões, isso não é o suficiente.

Este livro é devotado aos desafios colocados em meio ao trabalho com pessoas que, em terapia ou análise, apresentam sinais de colapso repentina ou gradualmente, e que, por diversas razões, não podem ser atendidas com uma abordagem clínica comum. Assim sendo, sugiro aqui um caminho alternativo aos procedimentos rotineiros — a saber, a hospitalização e/ou a administração medicamentosa de antipsicóticos e antidepressivos — que podem impactar um indivíduo pelo resto de sua vida.

Ademais, este livro pretende ser uma resposta aos tratamentos bastante celebrados da TCC ou da TCD que, com efeito, levam o paciente a deixar de lado sua vida interior, destinando sua atenção para um projeto cognitivo de duração limitada. Assim como um pai controla o choro de uma criança apelando para a distração — "Oh, olhe para aquilo ali!" —, tais intervenções podem prevenir uma crise *necessária* ou tornar trivial a função complexa de um comportamento sintomático.

Se o colapso dos pacientes evidencia questões mentais cruciais, as quais, a partir de um momento agudo, ficam abertas a mudanças em virtude da vulnerabilidade do *self*, a falta de uma resposta analítica apropriada por parte do psicanalista constitui uma falha crucial no atendimento às necessidades do *self*. Quando isso ocorre, o analisando pode conter o colapso pautado por novos axiomas baseados na hipótese de que as tais necessidades não merecem ser acolhidas ou são excessivas ao tratamento. O colapso, então, estrutura-se como uma falha permanente dentro do *self*, o que o torna, a meu ver, quase impossível de ser sanado em trabalho analítico posterior, seja com o analista em questão, seja no decurso de uma futura terapia ou análise.

Os desvios proporcionados pela TCC/TCD superficializam o *self* e tapam as fissuras por um tempo, o que traz, muitas vezes, algum alívio para o paciente bem como para as estatísticas hospitalares e para o Estado, atores que estão mais preocupados com os próprios interesses financeiros do que com o bem-estar do paciente. Mas para aqueles que veem o colapso como uma experiência intrinsecamente humana, desviar o *self* dos significados de sua fragilidade produz uma nova forma particular de perda. É muito cedo, neste século, para se conhecer os efeitos a longo prazo desses tratamentos superficiais, embora eu considere irresponsável esperarmos a prova temporal. A pessoa que está sofrendo um colapso não precisa que alguém desvie seu olhar do mundo interior para um livro de autoajuda; ela precisa ser ouvida e compreendida a partir das profundezas do *self* que lhes são apresentadas e que constituem sua crise.

O que se segue deve ser visto por um prisma apropriado. A maioria das pessoas com quem trabalhei eram pacientes "comuns" que sofriam por diferentes razões e que eram capazes de expressar seus problemas, manifestá-los na relação terapêutica e para quem a abordagem analítica convencional era a alternativa mais indicada. Portanto, é importante ressaltar que este livro apresenta circunstâncias muito peculiares. Talvez a maioria dos analistas jamais entre em contato com o tipo de situação que abordamos aqui; mas não se trata de situações tão incomuns a ponto de não merecerem nossa consideração.

De tempos em tempos, talvez uma vez a cada poucos anos, eu percebia que um paciente parecia demandar algo diferente de mim. Não estou me referindo a diagnósticos específicos. Em meu primeiro ano de prática particular, tive três pacientes psicóticos que frequentavam a análise cinco vezes por semana. No entanto, o fato de serem maníacos ou terem alucinações não era uma surpresa: era uma característica regular do quadro clínico deles. Refiro-me, portanto, àquelas ocasiões comparativamente raras em que uma pessoa não psicótica indicava, por meio de atuações e comportamentos alterados, que estava começando a entrar em um colapso mental.

Na Grã-Bretanha, era requerido de psicanalistas não médicos, como eu, que telefonassem para o clínico geral a fim de informá-lo que seu paciente estava com problemas. O médico via a pessoa e quase sempre recomendava o atendimento hospitalar. Tive a sorte de estar familiarizado com essa prática clínica quando isso aconteceu pela primeira vez com uma paciente cujo caso discutirei no capítulo quatro. Indaguei se me permitiriam aumentar as sessões psicanalíticas em razão de manter a analisanda fora do hospital. Eles concordaram.

Então, primeiro, ofereci a ela mais sessões nos dias da semana; e depois, quando isso não se mostrou eficaz, aumentei as sessões para duas vezes ao dia, todos os dias. Essa situação durou três semanas, até que ela emergiu de sua crise. Sabia que aquilo era incomum, e pensei, então, que seria um caso singular.

Na verdade, alguns anos antes, me perguntava o que faria se um paciente meu precisasse de cuidados intensivos. Por conta disso, visitei as unidades de internação de vários hospitais no norte de Londres. Aí, pensei em como poderia, se necessário, levar um paciente ao hospital. Então acabei encontrando uma companhia de táxis que era confiável e guardei seu número em meu consultório.

Conversando com um colega muito respeitado, um clínico geral com formação em psiquiatria, a quem chamarei de Dr. Branch,[1] percebi que seria possível formar uma equipe de profissionais com o intuito de prover um ambiente acolhedor a um paciente que pudesse vir a se tornar psicótico ou que estivesse colapsando. A ideia consistia em oferecer um tipo de assistência, psicanaliticamente embasada, que evitasse a necessidade de hospitalização do paciente. Também discuti isso com o líder da minha equipe de serviço social e seus colegas. No final da década de 1970, o Dr. Branch fazia atendimento médico enquanto eu trabalhava com pacientes esquizofrênicos e maníaco-depressivos. Durante as crises agudas que esses pacientes enfrentavam, colaboramos conjuntamente em formas de impedir a hospitalização.

---

[1] Dr. Branch é um pseudônimo. Uma vez que ele foi tão importante em nosso trabalho conjunto, a revelação de seu nome colocaria em risco o direito à confidencialidade de muitos pacientes.

Somente em minha segunda década de prática analítica, comecei a notar um padrão: algumas pessoas, em certas ocasiões, pareciam precisar de uma forma especial de tratamento psicanalítico, que precisava ser-lhes disponibilizado para atender de forma satisfatória às suas necessidades clínicas e não falhar com elas. Em meados da década de 1980, houve diversas ocasiões em que respondi ao colapso iminente de um analisando aumentando suas sessões.

Naquela época, também já havia supervisionado muitos casos no exterior, em que terapeutas e analistas tinham tentado fazer algo semelhante. No entanto, havia uma diferença fundamental: esses clínicos geralmente ofereciam ao paciente uma sessão extra aqui ou ali, e apenas quando era tarde demais. Em outras palavras, estavam disponibilizando tratamento reativo, não cuidado proativo. Além disso, tendiam a comunicar sua ambivalência aos seus pacientes por meio de suas próprias ações, contribuindo inadvertidamente para uma maior ansiedade, que logo se transformava em um círculo vicioso — paciente e analista cada vez mais alarmados —, o que, muitas vezes, terminava em hospitalização.

O resultado de um colapso não é, necessariamente, uma queda à descompensação psicótica, embora isso possa ocorrer. Mais comumente, após sofrerem um colapso que não é convertido, na ocasião, em um marco de renovação psíquica, as pessoas se tornam o que nomeei de *selves colapsados*.[2] Elas passam, nesse caso, a funcionar de ma-

---

[2] Mais adiante, Bollas nos apresentará a seguinte definição: "[...] uso da expressão '*self* colapsado' não se refere a um diagnóstico específico, nem sugere uma nova categoria patológica. A expressão se destina a retratar

neira consideravelmente danificada pelo resto de suas vidas. Embora possam ser diagnosticadas como esquizoides, esquizoafetivas ou cronicamente deprimidas, na verdade passaram a apresentar tais sintomas somente após o colapso. Acredito que existam muitas pessoas que apresentam o quadro de um transtorno de personalidade crônico quando, na verdade, passaram meses em estado de necessidade desesperada. Foi um período em que os problemas que lhes eram centrais se manifestaram, mas não receberam nenhuma intervenção terapêutica eficaz. A meu ver, trata-se de uma tragédia em grande escala, principalmente por ter passado, em grande parte, despercebida.

No final da década de 1980, dei um passo adiante na extensão de uma sessão psicanalítica. Em decorrência da severidade do caso de um paciente, ofereci-lhe sessões que duravam o dia inteiro. Por mais radical que isso possa soar, na época, a decisão pareceu-me natural e correta diante da gravidade do colapso iminente.

Eu não sabia, no início, por quanto tempo nos encontraríamos, mas três dias por semana, das 9h às 18h, mostrou-se ser o tempo suficiente.

Alguns anos depois, surgiu uma situação semelhante, desta vez com um paciente que fazia psicoterapia uma vez por semana. Mais uma vez, ofereci sessões de um dia in-

---

um amplo espectro de pessoas, incluindo aquelas que chamaríamos de 'normais'. O único denominador comum entre elas é que sofreram um colapso, muitas vezes no início da idade adulta, durante o qual ficaram sem os cuidados terapêuticos adequados. Quaisquer que tenham sido as angústias infantis, as fraquezas egoicas inerentes ou a fraqueza de suas estruturas mentais, foi esse colapso ocorrido na vida adulta que deixou uma marca distintiva em seu ser". [N.T.]

teiro de duração, e novamente nos encontramos por apenas três dias, e esse provou ser o caso em cada ocasião subsequente. Como agora trabalho em uma semana de quatro dias, eu fui capaz, em situações isoladas, de atender a esses analisandos na sexta-feira, no sábado e no domingo, retomando nossa agenda regular na semana seguinte. Em todas essas ocasiões, o paciente voltou aos seus horários anteriores de sessão.

Além de lidar com a crise aguda do paciente, as sessões de três dias pareciam, de modo impressionante, encurtar substancialmente a análise subsequente. Cada paciente que passou por um colapso agudo fez análise comigo, após o evento, por períodos que compreendiam de doze a quinze meses, mas não mais do que isso. Esses meses restantes funcionaram como estágios de elaboração que levaram ao término do processo e, até onde sei, nenhuma dessas pessoas buscou mais análise ou psicoterapia.

Desde o início, convenci-me de que esses colapsos eram potencialmente generativos. Por conta da minha experiência de trabalho com esquizofrênicos e maníaco-depressivos, eu sabia que a hospitalização desses pacientes havia sido desastrosa, e não queria perder meus analisandos para hospitais ou medicamentos entorpecedores. Esse era o momento em que a pessoa mais carecia de ajuda psicanalítica.

É importante dizer que trabalhei com várias pessoas não psicóticas, que faziam análise cinco vezes por semana e que, agora percebo em retrospecto, estavam nos estágios iniciais de um colapso mental. Os fins de semana se tornavam insuportáveis: à medida que as sextas-feiras se aproximavam, o analisando ia para algum retiro e ficava traumatizado por um ou dois dias na semana seguinte. Nomeei essas pessoas de meus "analisandos de quarta-feira", pois era quando se recuperavam do intervalo analítico. Essas situações perduravam meses antes que o sofrimento se atenuasse e o paciente pudesse transitar para algum outro estado. Pensando bem, sinto que talvez tenha falhado por não lhes oferecer as sessões estendidas.

Com o passar do tempo, minha experiência mostrava que o processo psicanalítico era, em si, tão eficaz que se *devia* permitir flexibilizações para uma pessoa em dificuldades extraordinárias, fosse com sessões estendidas com aumento da frequência ou, dependendo do caso, com sessões de um dia inteiro. Acreditava que a experiência analítica, por si só, funcionava como um terceiro objeto que poderia operar como veículo da transformação.

É claro que ninguém menos que o próprio Freud já havia argumentado que alguns analisandos precisavam de sessões estendidas quando as demandas clínicas não podiam ser atendidas em um horário normal. Na psicanálise britânica, existe uma longa e complexa história de se submeter os pacientes a uma análise profundamente regressiva. Para Michael Balint, isso significaria alcançar a área da "falha básica"; para D. W. Winnicott, o objetivo era chegar ao "cerne" do *self* por meio do abandono das defesas do falso *self*.

Mais do que qualquer outro analista no Reino Unido, Winnicott fez experiências com sessões estendidas nas quais encorajava os analisandos a entrar em regressão, e isso era de conhecimento comum na época. Ele e o analisando combinavam com alguns meses de antecedência quando aquele estaria em condições de oferecer tais sessões, e isso permitia ao paciente adiar o colapso mental. Indicarei, mais tarde, as maneiras pelas quais discordo do uso da regressão feito por Winnicott, mas não imaginaria trabalhar à minha maneira sem essa tradição, que já existia na sociedade britânica havia mais de vinte e cinco anos.

Ademais, um trabalho pioneiro era realizado por R. D. Laing, Cooper e Esterson no Kingsley Hall e, mais tarde, por Joseph Berke e outros em Arbours. Tanto Arbours quanto Philadelphia Association geriam casas para o tratamento de pessoas gravemente enfermas havia mais de trinta anos, e continuam a fazê-lo.

O compromisso da escrita deste livro deriva de duas fontes. A primeira é minha visão de que a psicanálise é o tratamento indicado para pacientes que estão entrando em colapso. Embora a sabedoria convencional preconize que a psicanálise é eficaz, em especial para psiconeuróticos ou para aqueles com elevados níveis de funcionamento, na verdade, muitos psicanalistas trabalham com analisandos muito perturbados e psicóticos e sabem, por experiência, que o trabalho interpretativo, no cerne da doença, pode ser profundamente transformativo. De fato, quando a pessoa está mais vulnerável — em particular durante o colapso —, muitas vezes ela é especialmente receptiva à ajuda e à formação de *insights* sobre o *self*.

A segunda razão para escrever este livro decorre das respostas com as quais me deparei ao longo dos anos enquanto apresentava essa maneira de trabalhar a grupos de psicanalistas. A desaprovação foi quase total durante apresentações a grupos formais. Os comentários mais recorrentes eram de que minha proposta violava o *setting* — era sedutora e gratificante para o analisando — ou de que constituía uma atuação que não era analisada dentro da transferência e da contratransferência.

Algumas questões eram levantadas sobre a conveniência profissional e ética da análise estendida, e sugestões de que profissões adjacentes (psiquiatria, psicologia etc.) poderiam se opor a tais tratamentos intensificados. Argumentava-se, também, que ao não utilizar imediatamente a intervenção psicotrópica ou a internação, o sofrimento da pessoa seria prolongado. De fato, embora fosse verdade que essas pessoas em análise adicional estendida sofriam bastante na ocasião, uma vez que o colapso era superado, a dor diminuía significativamente.

Tanto por minha própria prática quanto por ouvir muitas apresentações de casos, sabia que os analistas que seguiam o modelo de cinco vezes por semana, sem oferecer sessões adicionais, não apenas prolongavam inadvertidamente o sofrimento de seus analisandos, mas também recrudesciam o problema. Nesses casos, o colapso de fato acontecia; mas em vez de ser aproveitado para uma revitalização do *self*, tornava-se uma oportunidade desperdiçada. A análise poderia, então, continuar, com frequência durante muitos anos, sem qualquer mudança transformativa e, não raro, o analisando estava destinado a se converter em mais um *self* ferido.

Uma resposta muito diversa, em geral ausente dos ambientes formais, mas comum em discussões clínicas em pequenos grupos, era: "Então, o que mais há de novo? Nós todos já não fazemos isso?" Na verdade, os analistas discutiam o trabalho de um tipo aparentemente similar, por meio do qual ofereciam aos pacientes sessões adicionais.

Embora obviamente tenha considerado essa resposta mais encorajadora, muitas vezes eu ficava com a sensação de que tal anuência imediata tendia a impedir um exame mais minucioso da questão. Já mencionei que, na maioria dos casos em que um analista providenciava sessões adicionais para pessoas que estavam tendo um colapso, devido a muita hesitação, fazia-o de maneira relutante, em uma fase avançada do problema e em poucas ocasiões. Contudo, o fato de muitos psicanalistas e psicoterapeutas se sentirem impelidos a oferecer sessões extras em momentos de crise sugere que intensificar a análise é uma estratégia válida. De certa forma, o trabalho que descrevo aqui apenas reforça essa abordagem, por ser uma questão de bom senso.

Mudar de apenas adicionar algumas sessões extras na semana para oferecer duas sessões diárias, todos os dias da semana, em especial, para trabalhar com um paciente durante todo o dia, sem dúvida, leva as coisas para um outro nível. Sinto, portanto, que a minha própria teoria e prática precisam ser mais bem explicadas. Por esse motivo, encorajado por colegas, decidi escrever e publicar as palestras que ministrei sobre esse assunto com o objetivo de compartilhar com o público geral o que acredito ter aprendido, a fim de que isso se torne objeto de reflexão.

De vez em quando, farei referência ao contraste entre os modelos de tratamento americano e britânico para pessoas que estão prestes a colapsar. Existe uma enorme diferença na liberdade criativa entre essas duas culturas. Os clínicos estadunidenses têm de lidar com muito mais intrusões em sua prática do que os britânicos e os europeus, embora eu conheça pessoalmente vários psicanalistas estadunidenses que, no trabalho com seus pacientes, vão adiante e desafiam restrições profissionais, regulatórias e legais.

Na Europa, os clínicos são mais livres para exercer seu próprio julgamento com base em considerações puramente clínicas e, portanto, são menos propensos a compatibilizar suas práticas com as diretivas regulatórias. Eles estão, em vista disso, mais bem posicionados para atender alguém em um colapso do que seus colegas americanos. Na Grã-Bretanha de hoje, tristemente, as diretrizes "baseadas em evidências" ameaçam levar à "manualização" da psicanálise; mas, pelo menos até agora, os analistas europeus têm atuado com relativa liberdade ante a intervenção estatal.

Desse modo, este livro é um testemunho do passado. Se será relevante para o futuro, dependerá da psicanálise e das demais terapias conseguirem convencer os agentes estatais a se absterem de ditar a práxis terapêutica.

Mesmo que a atitude europeia seja mais aberta em relação ao tratamento do colapso, eu não havia escrito sobre meu trabalho com a análise estendida até agora. Como já disse, na primeira ocasião em que experimentei essa abordagem, imaginei que seria uma experiência única, improvável de se repetir em minha carreira. Só com o passar do tempo, percebi que uma nova dimensão clínica entrara em minha prática, e era preciso levá-la em consideração.

No início eu não estava muito confiante em relação à análise estendida, pois não havia nenhum precedente real, e tinha dúvidas se esse trabalho se mostraria de fato transformativo ou se era simplesmente uma forma de "cura transferencial".

Além disso, não queria ficar conhecido em Londres como uma espécie de "analista da regressão", a quem os colegas iriam encaminhar pacientes, especificamente para esse tipo de trabalho. Como discutirei, as pessoas que *conscientemente* buscam um colapso como um evento desejado são, na minha opinião, as menos prováveis de se beneficiar desse trabalho estendido. Além do mais, não queria que meus pacientes soubessem que eu trabalhava dessa maneira; pois, para alguns, pareceria muito especial, muito fascinante. Com certeza, isso teria suscitado confusões transferenciais e interferido em seus processos de análise.

Durante muito tempo, não discuti esse trabalho com nenhum dos meus colegas. A princípio, não via necessidade de fazê-lo, uma vez que esses eventos pareciam ser isolados, e apenas segui em frente, tentando me adaptar a eles. Mais tarde, enquanto me conscientizava do surgimento de uma forma diferente de trabalhar, relutei em apresentar o que sabia que seria tratado como uma questão controversa. Achei a tarefa clínica envolvente e desafiadora; e, de alguma forma, parecia muito específica para a equipe de pessoas com quem eu trabalhava. Estava claro para os médicos, psiquiatras, assistentes sociais e outros profissionais da área que estávamos implicados em um desdobramento da análise, na qual o trabalho reflexivo aparentava ser melhor se fosse feito apenas entre nós.

Com todas essas ressalvas em mente, foi apenas no final da década de 1990 que senti já ter adquirido experiência suficiente para me aventurar a apresentar o trabalho a grupos de colegas. Falei sobre isso pela primeira vez no Seminário para Candidatos Psicanalíticos, organizado pela falecida Helen Myers na Universidade de Columbia. Eu fui recebido com respeitosa surpresa, algum choque, porém com interesse real. Ainda assim, passaram-se mais dez anos até que eu o apresentasse de novo em uma série de palestras: no *Chicago Workshop on Psychoanalysis*; na Conferência Arild, na Suécia; e, finalmente, em 2010, na *Franz Alexander Lecture*, no New Center for Psychoanalysis, em Los Angeles.

Este livro é, ao mesmo tempo, um relato sobre algumas das dimensões clínicas envolvidas na prática da análise estendida e uma discussão das considerações teóricas. Ele procura esboçar o desenvolvimento da minha adaptação a essas realidades clínicas de tal forma que o leitor, assim espero, veja a lógica da técnica ao ser implementada e suas implicações para a prática e estudos subsequentes. Tentei mostrar onde cometi erros de julgamento e o que aprendi com eles. Não tenho como saber quantos outros analistas seguiram caminho semelhante. Este livro, talvez, possa servir de ponto de encontro para aqueles que têm trabalhado com a análise estendida em tempos de crise.

Sou grato a todas as pessoas que comentaram essas exposições e, de várias maneiras, claras e sutis, incentivaram-me a continuar escrevendo este livro. Estou bem ciente de que o texto evocará muitas questões na mente do leitor. Sacha Bollas compilou as perguntas mais frequentes, feitas ao longo dos anos, e elas estão presentes no capítulo final, em forma de entrevista.

Tenho uma dívida especial com o saudoso Otto Will Jr., por muitos anos diretor médico e, com efeito, Diretor Emérito da Austen Riggs. Enquanto fui Diretor de Educação nessa instituição, em meados da década de 1980, ele me visitava por várias semanas. Ouvira dizer que ele sempre pedia para ser avisado quando qualquer um de seus pacientes psicóticos estivesse em colapso. Ele ia até a pousada onde os pacientes estavam e ficava sentado por muitas horas com eles. Não queria recorrer à medicação ou transferir o paciente para uma ala de segurança — eles enfrentavam a crise juntos. Encontramo-nos várias vezes e discutimos sobre o trabalho que ele fazia em Londres.

Ele, por sua vez, compreendeu de imediato os desafios clínicos que eu enfrentava e me deu muito suporte. Avisou-me, no entanto, que nunca deveria esperar que meus colegas compreendessem, muito menos aprovassem, meus "desvios". Seja como for, e qualquer que seja o resultado desta publicação, sou muito grato a ele por me ouvir e me apoiar em minhas explorações.

Além disso, registro meus agradecimentos a dois colegas psicanalistas: Dr. Arne Jemstedt, por sua leitura cuidadosa do texto, e Sarah Nettleton, por seu meticuloso trabalho editorial. Preciso deixar claro, porém, que as opiniões aqui expressas são exclusivamente minhas.

CAPÍTULO UM
Selves colapsados

Ao longo de décadas, psiquiatras, psicanalistas, psicólogos e demais profissionais da saúde mental têm desenvolvido uma nomenclatura que classifica as pessoas de acordo com seus tipos de transtornos. Embora haja pressão para se adotar um manual para todas as profissões — DSM IV ou V —, a psicanálise tem seus próprios diagnósticos clássicos: histérico, obsessivo, esquizoide, depressivo e assim por diante.

A hipótese implícita é que uma pessoa pode ser fundamentalmente definida de acordo com um tipo específico de personalidade: "Que ela sempre foi assim", "que o destino de seu psicodesenvolvimento foi determinado por uma combinação de uma estrutura mental inata e pelos axiomas desenvolvidos durante os primeiros anos de vida". E, para muitas pessoas, isso é verdade. No entanto, uma vez que conhecem melhor seus pacientes, os analistas, muitas vezes, percebem que o diagnóstico inicial de histeria ou transtorno esquizoide parece ter um valor limitado. À medida que a análise prossegue, com a eficácia que é intrínseca à terapêutica do processo analítico, um único transtorno torna-se um quadro psicodinâmico complexo. Foi Wilhelm Reich quem argumentou que os transtornos de personalidade eram como quebra-cabeças psicodinâmicos paralisados que, ao serem analisados, poderiam se reanimar. A armadura do caráter forjada pelo indivíduo se dissolveria sob intensa interpretação psicanalítica.

Em outras palavras, se uma pessoa constituiu sua personalidade de modo gradual por um longo tempo, suas defesas e posições do caráter podem ser analisadas e transformadas por meio da análise. Não se trata de milagres. É um trabalho longo e difícil que pode resultar em vários graus de sucesso — e fracasso.

Apenas recentemente percebi que deixei escapar algo bastante óbvio em minha própria prática. Às vezes, quando vejo um novo paciente se apresentar como esquizoide ou deprimido, o que realmente percebo é que algo parece ter acontecido com essa pessoa; elas parecem ter um *self* que colapsou. Meu uso da expressão "*self* colapsado" não se refere a um diagnóstico específico, nem sugere uma nova categoria patológica. A expressão se destina a retratar um amplo espectro de pessoas, incluindo aquelas que chamaríamos de "normais". O único denominador comum entre elas é que sofreram um colapso, muitas vezes no início da idade adulta, durante o qual ficaram sem os cuidados terapêuticos adequados. Quaisquer que tenham sido as angústias infantis, as fraquezas egoicas inerentes ou a fraqueza de suas estruturas mentais, foi esse colapso ocorrido na vida adulta que deixou uma marca distintiva em seu ser.

Ao supervisionar muitos casos em diferentes partes do mundo, consegui descobrir de que maneira essas pessoas diferiam daquelas com transtornos de personalidade tradicionais. A pessoa que já sofreu um colapso — que pode ter sido predisposto por conta de padrões esquizoides, depressivos, histéricos ou obsessivos — apresenta um desafio maior do que o habitual para os psicanalistas.

Com o passar do tempo, pareceu-me que certos pacientes, que tipicamente chegavam à terapia na casa dos trinta ou quarenta anos, não conseguiam reagir à análise (ou qualquer outra coisa) porque simplesmente haviam desistido da vida. Eles estavam sem as "gangues mafiosas" organizadas dentro do *self*, tão astutamente descritas por Rosenfeld; não traziam essa vantagem consigo.[1] Os terapeutas descreviam os anos de trabalho com essas pessoas como sendo desprovidos de qualquer propósito além de ocasionais expressões de gratidão. Na maioria dos casos, os pacientes desempenhavam muito aquém de seus potenciais, muitas vezes trabalhando em empregos intermitentes ou em posições muito abaixo do nível sugerido por suas conquistas acadêmicas. Em geral, o analista ou terapeuta trazia o caso da pessoa para supervisão porque o funcionamento psicodinâmico notado era matéria de desespero para ele na contratransferência. Não vendo resultados positivos, o profissional se questionava se havia algum sentido em prosseguir com o trabalho.

Pouco a pouco, percebi que havia um padrão a ser observado entre essas pessoas: muitas delas tinham sofrido colapsos não psicóticos anteriormente.

---

[1] Rosenfeld H., *Impasse and Interpretation*. Londres: Routledge, 1987.

Alguns desses colapsos poderiam ter sido desencadeados por um trauma externo. O colapso pode ocorrer na universidade e passar despercebido no frenesi das circunstâncias que acompanham a vida de alguém naquele ambiente. Ou, após a formatura, quando se espera entrar logo no mercado de trabalho, pode haver uma série de rejeições, e após uma luta para seguir em frente com a vida, um colapso. Ou mesmo um relacionamento que durou ao longo dos anos de estudo e terminou, de repente, deixando o indivíduo abandonado, desolado e incapaz de se recuperar da perda. Ou talvez um pai/mãe, irmão ou amigo próximo morra, levando o indivíduo a uma dor catastrófica.

Na maioria das vezes, no entanto, o evento desencadeante é algo tão sutil e aparentemente inofensivo — um cartão de crédito recusado, uma multa de estacionamento, um comentário indelicado de um estranho —, a tal ponto que seu efeito tóxico só poderá ser compreendido por meio da análise do seu significado *inconsciente*.

Seja qual for a causa inicial da crise, quem presta os primeiros cuidados não atende adequadamente às necessidades da pessoa durante o colapso. Se ela está em terapia, talvez não consiga arcar com o custo de um aumento de sessões, ou o terapeuta ansioso pode encaminhá-la de imediato para medicação, gerenciamento da ansiedade ou terapia em grupo. Com bastante frequência, isso é seguido por um período de hospitalização enquanto a crise do paciente se aprofunda.

Nesse ponto, o colapso se torna cristalizado. A personalidade se reestrutura em torno dos efeitos gerados por esse evento psíquico, reordenando o *self* para funcionar e sobreviver sob circunstâncias significativamente limitadas. Isso prenuncia uma existência futura muito precária.

Essa reestruturação da vida mental significa uma alteração dos axiomas pelos quais a pessoa viveu até então. Esse tipo de colapso provoca o estilhaçamento de um dos principais pressupostos vinculado a uma infância suficientemente boa: que receberemos ajuda quando estivermos passando por necessidades. Várias novas premissas tomam seu lugar:

- é melhor não procurar ajuda de ninguém;
- se estou vulnerável, eu devo conter meus sentimentos;
- apenas uma posição defensiva pode ser segura;
- devo me desinvestir do mundo objetal e abandonar uma relação com a realidade;
- vou desistir de ambições, planos, esperanças e desejos;
- devo encontrar pessoas que estejam em uma situação semelhante e viver em uma comunidade de *selves* colapsados.

Uma pessoa com o *self* colapsado se caracteriza pela indiferença com a própria vida, tornando-se passiva e resignada frente à sua situação. Uma vez que se desinvestiu de seu mundo objetal, pode-se pensar nela como orientada pela pulsão de morte, mas falta-lhe a força do ódio, da inveja, da difamação ou do cinismo que tantas vezes é vista em personagens que habitam o inferno da pulsão de morte. Sua indiferença pode ser acompanhada por planos irreais — escrever um romance, tornar-se um empreendedor —, mas nenhuma ação é tomada visando à realização de seus cenários sonhados. Em vez disso, esses planos funcionam como projeções do *self* colapsado: sonhos desfeitos que ilustram a impossibilidade de sucesso.

A pessoa com um *self* colapsado tem seu afeto reduzido de forma significativa. São raras as demonstrações de emoção, e ela não é levada à raiva, ansiedade ou euforia pelos eventos da vida. Ao invés disso, mantém um afastamento constante das mudanças afetivas, nada vale a pena.

Essa pessoa pode se identificar com celebridades que parecem ter passado por momentos difíceis devido a algum evento negativamente transformativo em suas vidas. Tal interesse é expressivo, pois se destaca em uma mentalidade que é desinteressada em política, assuntos culturais ou questões ambientais; ou em dieta, aptidão física ou qualquer coisa relacionada à saúde do *self*. A celebridade decadente parece ser um reflexo da própria catástrofe da pessoa.

No entanto, as pessoas que contam com um *self* colapsado também possuem um *self* ideal oculto. Este sobrevive nos sonhos irreais de sucesso e funciona como uma companhia imaginária defensiva, como se a pessoa estivesse tentando se apegar a aspectos do *self* que existiam antes do colapso. Winnicott chega a sugerir que o falso *self* protege o que resta do verdadeiro *self*. Penso que esse *self* oculto é fantasmático, um triste representante do que a pessoa pensou que poderia se tornar. Psicoterapeutas e analistas que trabalham com pacientes com um *self* colapsado podem se sentir incomodados com essa relação objetal com o *self* ideal, com suas expectativas irrealistas e grandiosas. Impulsos ocasionais de realização — comprar um livro sobre como escrever um romance ou navegar na internet em busca de ideias de negócios — nunca são levados a termo. E é importante notar que tais aspirações não são acompanhadas de entusiasmo, mas são anunciadas como se pudessem ser realizadas com facilidade.

Quando o terapeuta faz uma interpretação, há várias respostas típicas. Muitas vezes o paciente não responde, fica em silêncio por um tempo e depois continua a falar como se nada tivesse sido dito. Se confrontado, pode responder com um "não sei" ou um "talvez", mostrando poucas evidências de introspecção. Em vez disso, continua falando sobre alguém no trabalho que está exigindo demais dele, ou conta sobre como está planejando férias, mas não sabe para onde ir. Esse tipo de paciente irradia uma dor mental de nível baixo, um desespero depressivo silencioso, mas não mostra interesse no que isso pode significar. É puramente evacuativo.

Embora o paciente permaneça distante de seu terapeuta em muitos aspectos, ainda assim adere à "terapia" ou "análise". Passei a entender isso como um medo de que ele tenha outro colapso e, portanto, precise estar conectado a um terapeuta como se fosse uma apólice de seguro contra traumas futuros. Esses pacientes formam uma espécie de transferência neutra para com o clínico, que expressa sua reestruturação negativa e faz com que o analista se sinta "patinando" sem ir a lugar algum.

Quase todos os clínicos com quem discuti esses casos argumentam que essa é uma forma de apego a um outro não humano e usam termos como "enclave autístico" ou "Asperger" ou "desinvestimento psíquico". Suspeito que a prevalência crescente do diagnóstico de "Asperger moderado" pode incluir algumas pessoas que adquiriram essas características somente após um colapso que veio a recompor a estrutura mental do *self*.

Uma razão comum pela qual o colapso resulta em uma desvitalização do *self* consiste no uso da intervenção medicamentosa. Embora tal medicação possa promover um alívio na situação imediata, a ingestão de tais substâncias interdita o significado do processo. A descoberta da razão inconsciente para o colapso e a oportunidade de compreensão e tolerância senciente em uma situação humana e terapêutica são negadas à pessoa. O paciente pode visitar o médico para pegar repetidas prescrições ou pode brevemente consultar um psiquiatra a cada poucas semanas, mas tudo isso serve para cristalizar a estrutura do colapso e, involuntariamente, garantir sua permanência.

Muitos "pacientes reincidentes" — pessoas que buscam continuamente diferentes abordagens de terapia — carregam as cicatrizes geradas pelo colapso ao longo de suas vidas. Elas podem parecer deprimidas, com dificuldades relacionais, problemas de motivação e com um interesse geralmente sem brilho no uso de objetos culturais. Ao se apresentarem aos seus terapeutas, muitas vezes têm uma profunda convicção de que é tarde demais para conseguir ajuda, ou podem fazer exigências irreais de que a terapia funcione naquele exato momento e seu desapontamento subsequente faz com que abandonem o tratamento ou mudem de terapeuta. Neste caso, as cicatrizes do colapso são projetadas nos clínicos que são abandonados, os quais se deparam com a intensa experiência de serem rejeitados pelo outro. Esses profissionais são deixados para trás para que essas pessoas possam seguir suas vidas, mesmo contando com uma ferida no *self*.

Quando percebi a quantidade de pessoas que se enquadravam na categoria dos *selves* colapsados perguntei-me se e quando isso havia ocorrido em minha própria prática. Várias pessoas me vieram à mente.

Tim tinha vindo à clínica onde eu trabalhava após um rompimento com sua namorada. Estava desolado e em apuros, havia várias semanas de licença médica. Ainda assim, era um paciente muito cooperativo que me confiou seus sentimentos e sua crise existencial; tínhamos motivos para acreditar que ele superaria seu colapso. Tive a oportunidade de aumentar suas sessões, mas não o fiz e, na realidade, saí da clínica cerca de um ano depois de iniciarmos nosso trabalho. Mais tarde soube por colegas que ele havia continuado a análise por alguns meses depois de minha saída e depois a abandonara.

Sete anos depois recebi um telefonema de modo repentino. Tim queria me visitar. Ele não queria retomar a terapia, simplesmente queria me encontrar. O homem com quem me deparei era um ser humano fragilizado. Embora tivesse um emprego e mantivesse um relacionamento com uma mulher, os sinais de vida que eu vira nele anos antes haviam desaparecido.

Penso também em Lila, uma mulher com pouco mais de trinta anos que me procurou para fazer análises cinco vezes por semana. Eu a vi por quatro anos antes de ela se mudar para outro país. Guardei em minha memória um período de vários meses no segundo ano de sua análise. Normalmente, era uma mulher articulada e reflexiva, agora estava extraordinariamente agitada e não conseguia verbalizar suas experiências internas. Eu sabia que ela estava em apuros, mas mantive nosso padrão de análise cinco vezes por semana. Tenho poucas dúvidas, agora, de que um colapso estava ocorrendo e que, se eu tivesse oferecido sessões adicionais, ela poderia ter sido amparada e sua vida mudada. Naquela época, isso simplesmente não me ocorreu.

Doravante, no início da década de 1980, eu estava determinado a mudar minha prática clínica com pessoas à beira de um colapso. Não liguei isso de forma consciente ao trabalho com Tim ou Lila, ou a outros pacientes prévios, mas devo ter percebido inconscientemente que havia falhado com eles, e que era necessário fazer algo mais.

CAPÍTULO DOIS
Sinais de colapso

O trabalho psicanalítico tem a ver tanto com a forma como o analista *recebe* o analisando quanto com o que ele lhe diz.

Se o analista já trabalhou com um paciente por um ano ou mais, eles terão começado a internalizar a forma do *caráter*[1] um do outro. Essa noção é um pouco complexa de se definir, mas pode ser comparada a ouvir a música de um determinado compositor: depois de algum tempo, é como se começássemos a sentir dentro de nós o modo que sua personalidade musical se estrutura. Nosso inconsciente recebe, organiza e reconhece *padrões* que consti-

---

1 Lembremos que o caráter está, em Bollas, relacionado ao *self* verdadeiro e ao idioma pessoal, e é indecifrável. Uma das chaves para esse conjunto de questões na análise é a ideia de interformalidade, vale dizer, a internalização da forma do caráter do analisando pelo analista e do analista pelo analisando. [N.T.]

tuem a forma que qualquer conteúdo pode assumir; seja uma ideia musical expressa no padrão de um determinado idioma harmônico e melódico ou a ideia de um poeta tomando forma no ritmo de sua sintaxe característica que molda a sequência de imagens.

Os psicanalistas são treinados para serem "impressionáveis" — termo que Freud utilizou, muitas vezes, para descrever o modo como o analista registra o analisando. Eles permitem que as pessoas os afetem por meio de seus modos de existência e relação com o mundo. Os analistas precisam estar tão abertos quanto possível a isso e, mesmo que possam começar a perceber padrões desde cedo, devem suspender os julgamentos iniciais para continuar abertos à forma do caráter da pessoa.

Quando o inconsciente do analista comunica ao inconsciente do paciente que está aberto à comunicação do caráter, o paciente se torna mais expressivo, frequentemente mais difícil e certamente mais específico na liberação dos idiomas pessoais de ser e de se relacionar. Com o passar do tempo, o psicanalista começa a sentir, em si mesmo, a forma do paciente. Assim como podemos conjurar a experiência de Mozart em nossa consciência, mesmo quando não ouvimos sua música, também podemos conhecer a sensação das muitas impressões criadas pelo impacto do paciente.

No entanto, o tipo de receptividade aqui presumida não é característica nem dos psicanalistas que consideram obrigatório estar constantemente interpretando a transferência no aqui e agora, nem daqueles que dialogam com o analisando, oferecendo-lhe uma resposta pessoal ao que foi dito. Essas duas abordagens oferecem uma espécie de análise bastante distinta daquela baseada em princípios neoclássicos, e, certamente, quero enfatizar que entender este livro e contemplar o uso das ideias aqui apresentadas será muito problemático para os clínicos habituados a qualquer uma dessas duas vertentes psicanalíticas.

Isso não quer dizer que os analistas que trabalham nessas tradições não tenham estratégias para lidar com pacientes em colapso; mas minha própria prática, dentro da tradição freudiana, opera a partir do pressuposto crucial de que o analista deve ficar quieto e comedido por longos períodos, a fim de que as associações livres e os movimentos de caráter do analisando tenham ampla liberdade para se articular. Se os psicanalistas forem intervencionistas ativos, essas associações não estabelecem seus padrões de significado, e o caráter do analisando é absorvido pela construção do analista por meio da transferência, como objeto selecionado de foco.

Dentro do contexto neofreudiano, o psicanalista se envolve com uma capacidade negativa, ele suspende suas próprias visões e respostas imediatas a fim de facilitar a constituição gradual do idioma pessoal do analisando. Dentro desse contexto interformal, se o analisando introduzir inconscientemente uma diferença sutil de seu idioma pessoal, isso será registrado pelo analista.[2] De início, esse registro será subliminar; mas à medida que se repetir ao longo do tempo, a diferença se afirmará como um padrão, e isso suscitará no analista um certo sinal de ansiedade, como se um trecho de Brahms aparecesse no meio de uma sonata de Mozart.

2 Bollas C., "Character and Interformality". In: *The Christopher Bollas Reader*. Londres: Routledge, 2011, pp. 238–48.

Sigamos agora ao pensamento das formas de colapso com as quais o analista pode se deparar. Para simplificar um pouco, existem dois tipos fundamentalmente diferentes: um em que o analisando mostra sinais de alerta — indícios de que pode estar desmoronando —, e outro que é agudo e sem indicativos precedentes.

Considere o primeiro tipo. Suponha que, por um momento, desde o início, o paciente seja vulnerável, e o analista esteja bem ciente de que um colapso é uma possibilidade real. O próprio processo analítico, especialmente a evocação convidativa da experiência transferencial, desencadeia uma atenuação das defesas ordinárias do *self*. Pode haver um período de transição à medida que o velho *self* se desintegra de maneira progressiva, e isso pode durar dias ou semanas. A princípio, a pessoa parece desnorteada, como se algo estivesse acontecendo, mas não pudesse ser identificado. Também pode haver um estágio dissociativo temporário no qual a pessoa, de algum modo, está fora do *self*, em um estado de desrealização ou observando o *self* de uma distância psíquica. Há um sentimento crescente de desamparo, uma vez que tarefas simples — responder *e-mails*, colocar gasolina no carro, lavar a roupa — parecem cada vez mais impraticáveis.

Um dos primeiros indícios mais comuns do colapso é a desaceleração dos padrões convencionais de fala. A maioria dos analisandos fica hesitante, ocasionalmente calada ou expressa dúvidas sobre o que está dizendo. Porém o que caracteriza esse evento é outro tipo de hesitação, em que a interrupção da fala pode ser resultado da intrusão de uma ideia estranha; do surgimento de sentimentos poderosos, mas inarticulados; um enfraquecimento do ego; ou as primeiras ondas de um *après-coup* ("ação adiada"). Não parece ser o resultado de um conflito psicodinâmico causado por uma ideia específica sobre a qual a pessoa não quer falar, ou pela experiência de enfrentar um território mental aterrador ou sentimentos transferenciais problemáticos. Trata-se de uma hesitação que parece imposta ao paciente. Algo está indo mal.

"Eu não sei" ou "eu só me sinto um pouco estranha" são comentários típicos em resposta à indagação analítica. Porém, com pacientes à beira do colapso, isso é expresso de uma maneira inconfundivelmente diferente. Além de uma mudança na inflexão vocal e no humor, eles também podem se movimentar de forma diferente. Parecem hesitantes na maneira como caminham até o divã, deitam-se ou atravessam a sala; mostram-se preocupados, distraídos, desligados de seus próprios corpos; podem derrubar uma mesa ou tropeçar; em vez de ficarem sentados na sala de espera, talvez fiquem de pé, parecendo perdidos.

De fato, um sinal muito comum de colapso emergente é um *self* nesse estado "espacial", olhando à meia distância, acompanhado por períodos de silêncio singularmente longos. Isso é visto especialmente no colapso de adolescentes, momento que deve ser encarado com muita seriedade como um dos indícios mais significativos de uma descompensação iminente, sobretudo se é precedida por um golpe óbvio na relação do *self* com seus pares.

Mais importante ainda, o psicanalista vai perceber uma mudança no idioma do paciente. A forma do paciente dentro do inconsciente do analista está mudando agora. Muitas vezes é esse registro que vai alertar o analista para a situação crítica do analisando antes que os indícios mencionados anteriormente sejam observáveis.

A reação do analista se torna crucial em momentos como esse. Ao constatar que algo está diferente, ele se sente inquieto e ansioso. Esse vestígio de ansiedade é importante, deve levá-lo a tomar as ações que são essenciais para conter o paciente antes da eclosão de um colapso severo. A essa altura, ainda serão feitos ajustes inconscientes aos novos padrões de ser e de se relacionar do paciente. Mesmo que tais padrões ainda não possam ser expressos, o analista está aprendendo algo novo que posteriormente ficará disponível para comentários e interpretações, os quais podem salvar a vida em questão. Quaisquer que sejam os sinais dados pelo analisando, é vital que o analista forneça cobertura psicanalítica adicional antes que o paciente fique desamparado.

O segundo tipo de colapso ocorre repentinamente, sem período de transição aparente. Isso é mais frequente com pacientes que são muito vulneráveis, mas que têm defesas muito inflexíveis.

Nesta situação, é essencial que o analista descubra, em detalhes, o que aconteceu nos dias anteriores que poderia ter precipitado uma catástrofe mental. Sempre haverá um evento assim, mas nunca conheci um paciente que quisesse descrevê-lo. O analista, por conseguinte, deve estar pronto para ouvir a palavra "nada" dita muitas vezes.

Chegamos, aqui, à primeira digressão significativa da técnica analítica regular. O analista, que raras vezes faz perguntas, deve agora tornar-se inquisitivo. Esse fato, por si só, traz à sua presença uma dinâmica terapêutica que é vivenciada pelo paciente como diversa, até mesmo inédita, porém muito eficaz. É como se a negação do analisando fosse enfrentada pela intensidade terapêutica por parte do analista: este se torna o "detetive" ao qual Freud se comparava com certa frequência.

Ao discutir a associação livre, Freud afirmou que o material mais importante era aquele que parecia menos relevante. Na minha experiência, o melhor curso de ação é simplesmente pedir ao paciente que faça um relato do que fez nos últimos dias. "Apenas me diga o que você fez no fim de semana." Dentro da narrativa do passado recente terá havido algum evento seminal, muitas vezes aparentemente inócuo, que perturbou o paciente e ele não sabe por quê. É extremamente valioso, um pouco como o sonho de *Ur* do ego do indivíduo que, se desvendado, vai iniciar uma rede de compreensão interpretativa empática que se mostrará extremamente importante.

Belinda veio à sua sessão numa segunda-feira. Era nítido que havia algo diferente, e ela parecia estar em apuros. Não consegui descobrir naquele dia o que a fazia se sentir diferente sobre as coisas; mas na terça-feira, contou-me que no sábado, quando fora ao mercado para comprar sua mistura favorita para bolo de cenoura, não havia encontrado o produto. Tinha planejado fazer o bolo para uma amiga muito especial. Podia vê-lo mentalmente na prateleira, e quando constatou que estava em falta, não pôde acreditar. Vasculhou a loja inteira em busca da mistura para bolo, pediu à equipe que a encontrasse para ela e ninguém conseguia explicar a ausência do produto. Durante essa experiência, Belinda sentia estar desmoronando. Caminhou para um ponto de ônibus fora da loja e sentou-se em transe. Sentia que tudo estava arruinado. Tinha outras coisas para comprar e outras tarefas para fazer, mas não era capaz de reunir energia para realizá-las.

Em um momento como esse, é vital que o psicanalista conceda ao analisando tempo suficiente para que recupere os *pensamentos* ligados ao evento. Essa coleta de informações é fundamental para o que se seguirá. Devemos notar que, nessa fase, não é o afeto que é necessário, mas a informação. Perguntar a uma pessoa como ela se sente é improdutivo e só leva a abstrações medíocres.

Se isso é difícil de imaginar, pense numa criança pré-adolescente. Ela volta da escola com uma expressão alterada e vai para seu quarto sem cumprimentar ninguém. Algo deu errado. Pode ser tentador para a mãe, preocupada em correr para o quarto dela, invadir e perguntar o que aconteceu. Mas uma mãe atenta dará à criança algum tempo para se recuperar antes de bater na porta. "Vá embora" significa "ainda não"; "entre" é um começo.

"Então, o que está havendo?" pode ser uma boa maneira de abordar o problema, mas a resposta usual será "nada". Se a mãe esperar, depois de um tempo, talvez as lágrimas rolem pelo rosto e a criança enterre a cabeça no travesseiro. Uma mãe suficientemente boa ainda deixa essa criança em paz para que se recomponha, antes que ela possa contar-lhe o que aconteceu. Na maioria das vezes, isso leva a um longo período de conversa e a criança se recupera, sente-se curada e está pronta para a vida novamente.

Da mesma forma, o psicanalista deve esperar até que o analisando esteja em condições de falar, e se parecer que isso vai demorar mais do que o restante da sessão, então a medida adequada é dar mais tempo. O tempo é a variante crucial de quão bem se pode ajudar um paciente que está à beira de um colapso.

Belinda relembrou que queria fazer bolo de cenoura porque a amiga dissera que apreciava aquele tipo de bolo e havia tempos não comia um. Minha paciente conhecia uma mistura de bolo perfeita, mas não sabia fazer bolo de cenoura e estava ansiosa. Será que sua amiga gostaria de seu bolo ou ela o reprovaria pelo cheiro, fazendo-a se sentir humilhada?

O jantar acontecera no domingo. Não correu bem do ponto de vista culinário. Além disso, o estado alterado de Belinda foi percebido e isso fez com que seu marido a criticasse. "Qual é o *problema* com você?", ele perguntou depois que os convidados foram embora. Ela não sabia explicar e se arrastou para a cama, paralisada por eventos que não conseguia entender.

O inconsciente, sendo o que é, levou-a à loja errada. A mistura de bolo não foi encontrada porque nunca esteve lá. Foi uma *parapraxia*, um ato falho, uma ação atabalhoada que, como descobriríamos mais tarde, era sua maneira de protestar contra o fato de que havia se preparado para tentar dar algo precioso à sua amiga extremamente crítica. O bolo de cenoura era uma metáfora para ela. Estava desesperada para que alguém que ela realmente amasse pudesse ver algo de apreciável em si, mas sua amiga era demasiado narcisista e nunca havia sido abertamente afetuosa com ela.

O que distingue o ato parapráxico de Belinda de um evento psiconeurótico comum é o grau da *dor mental* despertada por esse acontecimento. Esses sinais de grave angústia são característicos do indivíduo que está se aproximando do colapso. É como se a mente estivesse angustiada porque não consegue processar seus pensamentos e ansiedades urgentes, deixando o paciente incapacitado. Logo atrás da dor mental está um estado agudo de perda e sofrimento: o reconhecimento da pessoa de que está perdendo a capacidade de pensar vem com a convicção de que, portanto, ela perdeu o seu *self*.

Mais tarde, discerniríamos no "bolo de cenoura" uma anomalia fonêmica que carregava significado. Em inglês, *carrot* contém os sons *care* e *out*, embora o *out* seja quase silencioso. Inconscientemente, Belinda buscava um objeto que ela sabia que sua convidada não iria gostar e que seu esforço, portanto, fracassaria. Ao fazer o bolo de cenoura, ela estava criando um momento em que sua tentativa de cuidado seria rejeitada — mais tarde, ela ouviria a palavra *garotte* ("garrote") ao invés de *carrot*,[3] e pensou que também poderia estar preparando um prato que estrangularia sua amiga.

O gatilho mais comum de um colapso é uma briga com um amigo ou uma rejeição repentina por parte de um parceiro. Esses fenômenos comuns podem suscitar questões psicológicas latentes que se precipitam no vazio criado pela rejeição e preenchem o espaço com afeto diferido, geralmente decorrente de um evento muito mais profundo e perturbador na infância do *self*. Isso tem o efeito imediato de provocar regressão no paciente, porque o funcionamento adulto de nível superior é usurpado pela posição psíquica do *self* no momento do evento originário. Se o paciente não consegue falar e "sofre um branco", é mais provável que o trauma emergente provenha do período pré-verbal da vida do *self*. Não pode ser colocado em palavras.

---

[3] Nesse contexto, *carrot* se aproximaria foneticamente de *care out* que, por sua vez, poderia ser traduzido como "descuidar" ou "não cuidar o bastante". [N.T.]

Parte do que o paciente sabe sobre si próprio, mas nunca pensou, está agora aparecendo por meio de uma terrível transformação na natureza de seu ser.

Nesse ponto, o *self* sofre com a chegada de uma memória congelada. Ela impacta o *self* fomentando regressão e perda de alguma função, mas o ego ainda está indiviso. No entanto, se um outro suficientemente bom (o resíduo da mãe) não chega nesse momento para amparar o *self*, fornecendo um ego auxiliar ou suplementar, então é muito provável que haja perda de funcionamento egoico. Isso traz mudanças muito preocupantes: a impossibilidade de se concentrar nas tarefas do trabalho ou nas demandas da vida cotidiana; um malogro em recordar eventos recentes, pensamentos que parecem estranhos e desfocados. Pode também haver uma incapacidade de ouvir o que as outras pessoas estão dizendo ou de reunir palavras em frases coerentes.

Essas e outras manifestações de desintegração do ego criam uma ansiedade primária. O *self* percebe que perde o controle da vida mental, a capacidade de realizar tarefas e a capacidade de se relacionar. Perde seu modo de existir.

Antes de discutir as defesas contra a ansiedade primária, devemos tomar um momento para contrastá-la com os sinais de ansiedade.

Os sinais de ansiedade são uma resposta específica e, como tais, são diferentes da "ansiedade livremente flutuante" que está, em certa medida, na maioria das vezes, desvinculada de sua fonte original. Se você estiver vestido com uma camisa vermelha e tiver que atravessar um campo no qual, de repente, descobre que há um touro, sua ansiedade aumentará. Esse é um estado afetivo valioso, pois alerta para o fato de que se está em perigo e precisa agir.

Tais sinais ansiosos, geralmente têm a ver com uma ameaça específica e limitada ao *self*, mas essa ameaça não precisa ser externa. Nos estágios iniciais de um sofrimento mental, se o *self* tiver um surto sintomático peculiar, tais como incapacidade de recordar eventos recentes, mau julgamento ou um sentimento de dissociação, um alarme interno dispara. Isso avisa o *self* que algo está errado em sua vida mental e que alguma ajuda é imprescindível. Se sentem esse tipo de alarme, muitas pessoas recorrem a um amigo para dizer que não estão bem ou talvez procurem terapia.

Os sinais de ansiedade são muito comuns na adolescência, época em que uma grande intensidade dos sentimentos se alia à imaturidade emocional. Os jovens podem se sentir incapazes de recorrer a amigos e familiares, interpretando as ansiedades como previsões fatídicas de colapso mental. Se essa pressão se tornar insuportável, o adolescente pode até cometer suicídio.

A ansiedade primária ocorre depois que a ansiedade de alarme falhou em desempenhar sua função. Não é um aviso, mas uma forma de pânico que surge em resposta à sensação de desamparo provocada pela perda de função egoica. É tão forte e tão aterrorizante que desencadeia poderosas defesas, como se o *self* estivesse empenhado em uma última barricada para impedir o colapso.

Quando as pessoas chegam ao hospital nesse estado, os clínicos normalmente testemunham defesas construídas contra a ansiedade primária. A mais comum delas é a aparente perda de afeto. Mas o afeto, não foi, de fato, perdido, foi rejeitado para que não possa ser experimentado. Outra defesa comum é a fala presunçosa ou retoricamente educada, como se a pessoa estivesse lendo uma lista telefônica.

Uma outra defesa recorrente é uma falsa simpatia destinada a manter os outros afastados, para evitar questionamentos intrusivos e desviar seus esforços em ajudar.

Todas essas defesas são formas parciais de retração.

Se essas formas sofisticadas não funcionarem para mitigar a ansiedade primária, o analisando tomará medidas mais radicais, como retirar-se de todo contato com as pessoas. Isso é visto mais comumente na depressão clínica, mas também ocorre com pacientes em colapso quando sentem que estão perdendo o funcionamento do ego. Uma reação alternativa é a depressão agitada, quando a pessoa parece exatamente o oposto de retraída; na verdade, ela procura interlocutores para conversar e torna-se tagarela, discutindo constantemente os problemas que afligem o *self*.

Essa fala compulsiva pode ser interpretada pelos clínicos como um surto de TOC; quando, na verdade, é uma tentativa da mente de substituir a realidade por uma alternativa mental, transferir o mundo da realidade para o mundo do pensamento. Seja o colapso decorrente de um evento externo ou interno, a agitação é resultado de uma falha estrutural do ego em lidar com o impacto intrapsíquico. Ao procurar outras pessoas com quem conversar, o indivíduo tenta escapar de sua própria mente para a de outra pessoa, mas essa tentativa de identificação projetiva também fracassa porque a fonte da ansiedade é endopsíquica. Haverá um inevitável retorno ao pânico do *self*.

Se o paciente continuar agitado, há consequências potencialmente desastrosas. Quando fala em demasia do *self*, ele esvazia a mente de seus conteúdos, colocando-os nas muitas pessoas que, ao ouvirem e tentarem ajudar, inadvertidamente contribuem com o processo de colapso. A fala excessiva redunda na perda da capacidade do *self* de aprender com suas próprias associações livres inconscientes, uma perda cujos pensamentos são descarregados e descartados.

Além disso, essa terceirização dos pensamentos do *self* por meio de projeções resulta em uma *democratização psicótica*, cuja hierarquia de significados se perde. Uma ideia é tão significativa quanto a outra. Sem tal ordem hierárquica, o *self* não tem leme mental, há apenas uma direção, e ela é circular. Estabelece-se um círculo vicioso psicótico no qual a pessoa dá voltas infindáveis. Às vezes, ela pode sentir que compreendeu alguma coisa; porém, nada é retido, e nenhum entendimento é alcançado.

Se o *self* continuar a ser esvaziado de seus conteúdos mentais, o próprio processo de pensamento se deteriora, e o *self* agora depende de outros para operar seus pensamentos. Esses "outros", nesse momento, podem ser um grupo díspar de pessoas que não se conhecem e podem não ter, portanto, um processo de pensamento coletivo coordenado. Em questão de dias, isso pode levar à *desidratação psíquica*, ao esgotamento da vida mental. O *self* é agora apenas uma voz. Os pensamentos surgem em ritmo acelerado, mas sem vida por trás deles, exceto por repetidos e prementes pedidos de socorro.

Tais demandas intensas podem parecer indicar um desejo de engajamento com o outro; mas, na verdade, esse estado agitado é uma forma de retraimento. É um esforço para afirmar uma onipotência de pensamento em que as palavras e as ideias dos outros são canceladas. O indivíduo pode se voltar para reflexões suicidas ou recuar para uma raiva muda e onipotente, baseada na hipótese de que todos falharam, apesar de todos os seus esforços para pedir socorro.

Nos capítulos posteriores, discutirei detalhadamente meu trabalho com alguns desses pacientes. Antes disso, porém, precisamos considerar as diretrizes para o trabalho com uma pessoa em colapso. Como se discute a mudança do *setting*?

CAPÍTULO TRÊS
As diretrizes

Este livro apresenta a premissa de que qualquer psicanalista ou psicoterapeuta de orientação psicanalítica relativamente experiente deve ser capaz de atender às necessidades da maioria das pessoas que estão em colapso. No entanto, preparar uma pessoa para o trabalho psicanalítico em condições anormais requer atenção especial aos detalhes circunstanciais.

Já mencionei a necessidade de se ter uma equipe à disposição para dar suporte ao analista na tarefa clínica. O analista, de fato, presta uma espécie de "assistência hospitalar" no ambiente comum do paciente sem o efeito traumático da hospitalização, e é vital que, se necessário, o paciente receba apoio para lidar com os detalhes práticos da vida à medida que submerge do colapso.

A proposta do analista para estender temporalmente a análise traz sérios desdobramentos psíquicos. É preciso explicar como e por que o *setting* está mudando. Em vez de tentar descrever isso de forma abstrata, cito a seguinte abordagem típica para essa explicação:

> Posso ver que você está passando por uma fase difícil e este é um momento importante para você. Tenho um procedimento de rotina com todos os meus pacientes quando isso ocorre. Recomendo um aumento no número de sessões para que tenhamos mais tempo para processar o que está acontecendo. Então, desde que você concorde, por enquanto, gostaria que viesse todos os dias em seu horário normal e, novamente, às 17h30. Para nos ajudar nesse período, gostaria que você visitasse o Dr. Branch, um psiquiatra com quem trabalho, caso consideremos que você precisa de medicação ou qualquer outra ajuda médica. Eu gostaria que você o visitasse hoje ou amanhã. Posso marcar a consulta para você. Você o verá, pelo menos, uma vez por semana nas próximas semanas. Eu também gostaria que visitasse seu médico pessoal.

Se o paciente precisasse de mais profissionais integrantes de uma equipe ambulatorial, diria algo como:

> Acho que você precisa de algum apoio adicional no momento e entendo que sua irmã [irmão, vizinho, amigo próximo] está ciente de suas dificuldades. Se você se sentir confortável em pedir visitas diárias para ser ajudado com as refeições e outras coisas, por favor, ligue para eles. Não posso ter nenhum contato com eles porque meu relacionamento com você deve permanecer confidencial, mas sinta-se à vontade para falar que essa foi a minha recomendação

e discuta isso com seu psiquiatra. Ele pode pedir para se encontrar com sua irmã para coordenar os cuidados necessários. Na minha experiência, esse tipo de ajuda extra geralmente é necessário por algumas semanas, no máximo.

Clinicando na Inglaterra, acrescentaria:

> Em situações desse tipo, o nosso trabalho será agilizado se o seu transporte estiver garantido. Eu vou solicitar a uma companhia de táxi local um motorista disponível para trazê-lo aqui e levá-lo para casa. O nome dele é Edward. Ele cobra um preço bem razoável, será discreto e não fará nenhuma pergunta.

E quanto aos honorários? Eu explico da seguinte forma:

> Embora aumentemos suas sessões, você pagará apenas o que costuma pagar no decorrer de uma semana. Essa não é uma exceção feita para você, é minha prática habitual. Minha tabela de preços leva em conta eventualidades como essa.

Essa comunicação clara elucida várias questões.

A *maneira* como se apresenta essas mudanças no *setting* para o paciente é crucial. Indicar que essas etapas são apenas, de fato, uma prática padrão e que sempre houve uma equipe de pessoas prontas para intervir e ajudar em caso de necessidade é muito reconfortante em um momento em que a maioria dos analisandos está quase em pânico.

A explicação funciona como uma estrutura narrativa que fornece um "ambiente acolhedor" temporário e prepara o analisando para o que está por vir. O uso repetido de frases como "procedimento padrão" e "protocolos clínicos" reforça o fato de que não se trata de um ato de intervenção pessoal, mas profissional. Ressalta que a decisão é ponderada, inteligente e a melhor forma de proceder. É simplesmente uma manifestação do treinamento do analista. Pede-se ao paciente, implícita e, às vezes, explicitamente, que relaxe e confie no processo analítico.

Ganhar a confiança do paciente no método e no profissionalismo do analista é extremamente importante. É um momento crítico na vida do paciente. Se o trabalho analítico for intensificado e se for preparado um ambiente acolhedor que atenda às suas necessidades à medida que o analisando entre em colapso, a experiência pode ser transformada em uma superação que o renovará pelo resto de sua vida. Se não for assim, as circunstâncias podem levar a um desastre.

Ao lidar com uma pessoa em colapso, acima de tudo, não é desejável ficar para trás nessa corrida contra o tempo. Em minha experiência de supervisão clínica nessas situações, de longe, o erro mais comum é o analista não conseguir organizar um ambiente acolhedor antes que o colapso se instaure. Em vez de se antecipar à crise para dar apoio ao paciente, alguns analistas tentam em vão compensar o atraso enquanto o colapso já está em curso. Como o paciente não foi acolhido, seu pânico aumentará, e o evento histórico originário (ou as estruturas mentais organizadas na primeira infância), que está agora emergindo, coincide com o mesmo tipo de falha, ou fratura egoica, que ocorreu na primeira infância. O trauma atual, agora, torna-se uma afirmação de que a situação original — seja a internalização da loucura dos pais ou a própria resposta distorcida do *self* ao mundo — é a verdade. Quando isso se consolida, penso que não pode ser desfeito.

A tragédia, especialmente nos Estados Unidos nos últimos quarenta anos, é que clínicos bem-intencionados e atenciosos têm sido coagidos, pelo medo de um processo de litígio, a praticar uma forma de psicoterapia defensiva. Eles recorrem muito prontamente a encaminhamentos para psicofarmacologistas e falham com seus pacientes por causa de sua ansiedade, hesitação e aparente falta de confiança no processo psicanalítico. Tenho o maior respeito pelos meus colegas estadunidenses, mas as restrições ao seu direito à liberdade profissional são tão graves que, muitas vezes, eles não são guiados por seu julgamento clínico no tratamento dos pacientes. Aqueles que são insurgentes a essa lógica, arriscam-se corajosamente.

Após o analista explicar cuidadosamente que está amparado por seu julgamento clínico para recomendar uma mudança no plano de tratamento, com frequência, os analisandos ainda levantam muitas objeções.

Considero que certa resistência a esse tipo de mudança é um bom sinal. O desejo de manter a normalidade faz parte do instinto de vida, e é importante que o analista apoie esse desejo enquanto assegura ao paciente que a mudança de intensidade se destina apenas a ajudá-lo na crise em andamento.

Na maioria das vezes, todos os pacientes cuja análise foi aumentada para duas sessões por dia puderam continuar em suas funções laborais e precisaram apenas de um tempo mínimo de folga. No Reino Unido, em contraste com os Estados Unidos, as pessoas se beneficiam de um sistema trabalhista bastante flexível que, geralmente, permite-lhes trabalhar por apenas algumas horas por dia durante um certo tempo sem que isso enseje investigações invasivas.

Do ponto de vista clínico, quase sempre é preferível que a pessoa continue trabalhando, mesmo que dependa por um tempo da memória processual e do hábito para realizar essas atividades. Explico que o analisando não deve realizar trabalhos extenuantes nessas circunstâncias, e podemos discutir o que está por vir nas próximas duas semanas, bem como certas tarefas podem ser delegadas a outros por um tempo. O valor de continuar trabalhando não é simplesmente que uma parte importante de sua vida não seja alterada, mas que o funcionamento egoico, intrínseco à vida profissional, seja sustentado. Considerando o método que sigo, é importante que *o analista sempre apoie as forças do ego que estão presentes no analisando*, pois elas serão uma parte importante do ambiente de sustentação psíquica e do processo de recuperação.

Muitas vezes os pacientes se preocupam com os honorários, e quero deixar claro para o leitor que isso não é uma questão de altruísmo de minha parte.

Neste ponto, estou preocupado, por razões clínicas, em remover qualquer estresse excessivo da vida desses analisandos. Já sob grande pressão e cheio de medo, a última coisa que um analisando precisa, nessa situação, é de qualquer ansiedade sobre o acúmulo de dívidas, e estou igualmente disposto a evitar que isso fique pesando em minha consciência. Se devo lidar com a tarefa à frente, não quero nem o fardo nem a distração de sentir que preciso apressar as coisas caso o paciente não consiga arcar com os custos.

A solução mais fácil e efetiva é descartar o problema dos honorários. Como já disse, explico com clareza que essa é minha prática padrão, e a maioria dos analisandos (não histéricos) não interpreta isso como uma tentativa sedutora de fazê-los se sentirem especiais; no momento, estão muito traumatizados e em pânico por seu estado interno para reagirem dessa maneira. No entanto, deve-se antecipar alguma culpa retrospectiva quando o paciente recuperado estiver contemplando o que ocorreu durante essas regressões. Por isso, sempre deixei claro — às vezes, por meio de ironia — que minha política é não cobrar pelas sessões extras e que não vou abrir exceção.

Com frequência, os analisandos se preocupam em como devem explicar o que está acontecendo à família e aos amigos. No entanto, visto que é comum as pessoas próximas ao paciente já estarem alarmadas com seu estado, ressalto que elas provavelmente ficarão aliviadas pelo fato de o analisando vir a sessões extras para resolver a situação.

Depois de esclarecer essas questões, apresento a ideia de um acordo entre mim e o analisando. Solicito que aceite a mudança no cronograma e que se comprometa a cumpri-lo até que ambos sintamos que a meta desejada foi alcançada. Em seguida, repassamos o que propus uma última vez e, se houver dúvidas persistentes, falamos sobre elas. Em quase todos os casos o paciente concorda.

Pode haver algumas queixas persistentes: "Mas não posso jantar com meus amigos amanhã?" ou "Há um novo projeto importante em andamento e eu realmente deveria participar desde o início". Digo ao paciente que não, não deveria ter como objetivo fazer essas coisas no momento. A gravidade de sua condição exige que a levemos a sério, e isso significa que o analisando precisa dar prioridade absoluta ao tratamento. Esse é um momento de buscar uma espécie de santuário, em que a psicanálise se intensifique e a singularidade do que está acontecendo tenha uma chance de ser articulada.

Então, antes que esse período de trabalho comece, o que se passa na mente dos dois participantes?

O analista pode ter algumas hipóteses sobre o que acontece quando o analisando entra em colapso com força total; mas, em minha experiência, é melhor não tentar adivinhar isso. Uma mente aberta é inconscientemente receptiva. O que acontecerá nas semanas seguintes será, é claro, um desafio, mas o analista será o destinatário de informações preciosas, provenientes do próprio âmago de seu analisando, e agora é o momento de se concentrar profundamente, escutar e absorver tudo o que é dito.

E qual é a noção do analisando sobre o que está para acontecer?

Como os ventos fortes e a ressaca que precedem um furacão, muitas vezes há avisos suficientes de que algo grave está acontecendo e que medidas de emergência precisam ser tomadas. O paciente experimenta uma mescla de ansiedade de alarme com ansiedade primária, e isso vai deixá-lo predisposto a formar uma aliança com o plano de ação, que lhe parece efetivo, apresentado pelo analista. É muito tranquilizador saber que existe um procedimento psicanalítico para atender o acometimento intenso dos sintomas.

A estimativa do tempo clínico a ser reservado para o paciente é um aspecto indispensável na estrutura do ambiente acolhedor. Subestimar o desafio porvir, oferecendo sessões insuficientes, constitui uma falha fundamental, fazendo com que o analista corra o risco de ficar para trás e perder o *timing* do colapso. Se ele recomendar muitas sessões, isso é muito menos perigoso, pois pode ser rearranjado sem prejuízo para o tratamento. É claro que essa deve ser uma decisão a ser tomada individualmente em cada caso; mas, em geral, para uma pessoa que está gradualmente colapsando, recomendo sessões adicionais por um longo período; enquanto para um paciente que tem um colapso súbito e agudo, costumo oferecer sessões durante todo o dia.

Não sei como expressar o profundo significado desse compromisso de um humano para com o outro. Para além dos detalhes desse novo contrato, o analisando entende que um ser humano se compromete a acompanhá-lo pela pior fase do que está por vir. E é assim que me sinto. Estou preparado para ficar com o paciente, não importa por quanto tempo (a menos que se torne óbvio que minha oferta é inadequada), e tenho certeza de que isso fica transparente em minha comunicação com o paciente.

Preciso deixar claro que isso não é uma questão de confiança em minhas próprias habilidades. O fato é que, ao longo das décadas, tenho me impressionado cada vez mais com a eficácia terapêutica do método psicanalítico ao dar à pessoa tempo irrestrito para falar livremente sem medo de julgamento. A sinceridade e a simplicidade disso fazem um profundo sentido. Os seres humanos são ruins em muitas coisas, mas um de nossos dons é a inventividade linguística. Embora muito do que acontece na psicanálise seja não verbal, o potencial de verbalização permanece *em si mesmo* algo confiável, uma estrutura que está presente no inconsciente, para ser usada da maneira que for necessária.

Desse modo, mesmo quando o psicanalista afirma seu padrão de prática profissional, o fator humano no redimensionamento das sessões já faz parte da cura. Esse aspecto é particularmente poderoso se, como é recorrente, a pessoa que está em colapso não recebeu os devidos cuidados quando era criança. Ela pode ter tido pais que fizeram o melhor possível, que cumpriram os deveres parentais e foram realmente bem-intencionados, mas quando chegou a hora, por algum motivo, simplesmente não lograram imprimir um toque humano em suas ações. Algo do potencial da empatia deles não foi ativado. Talvez os choros do bebê ou as necessidades da criança os levaram às partes remotas e defensivas de suas personalidades para escapar ou, talvez, tenham estado tão distraídos com suas carreiras que a criança sempre ficou em segundo plano.

Entretanto, nem sempre esse tipo de *background* está presente nesses pacientes. A infância é uma experiência essencialmente insondável, que não pode ser comunicada. Mesmo o pai mais atento não pode testemunhar os conflitos internos da criança; e, às vezes, esta pode experimentar uma profunda crise estrutural que simplesmente fica fora da percepção parental. Em outras palavras, as mentes são fenômenos perigosos e a mente de uma criança é especialmente vulnerável aos caprichos da vida. Portanto, se a criança não teve suas necessidades atendidas por seus pais, ou se a criança sofreu com a própria infância, o *self* leva consigo traumas precoces para a vida adulta.

O fracasso endêmico do *self* infantil foi usurpado, na imaginação pública e clínica, por histórias macabras de rituais satânicos, molestamentos sexuais ou abusos emocionais. Crimes contra crianças são comuns o suficiente para atrair o alarme público, e nem é preciso dizer que as vítimas merecem nossa atenção clínica, mas aqueles que sofreram dessa forma aberta e violenta apresentam, para o psicanalista, um quadro diferente das pessoas aqui descritas.

Lidamos aqui com uma situação relativamente comum que foi negligenciada e deve ser motivo de preocupação, mesmo que não tenha o imediatismo do *self* que foi molestado ou que seja psicótico. Pois quando pessoas que funcionam normalmente — mas que podem ser diagnosticadas como esquizoides, obsessivas ou depressivas — deixam de funcionar e entram em colapso, isso pode destruir seu potencial de personalidade, sua qualidade de vida e relacionamentos, e isso pode afetar seu mundo interior pelo resto de suas vidas.

Muitas pessoas potencialmente vulneráveis evitam o colapso engajando-se inconscientemente em relacionamentos curativos ou mergulhando em suas vidas profissionais. Um bom parceiro, às vezes, pode curar os traumas inconscientes da infância que residem no adulto. A absorção no trabalho pode ser tão produtiva internamente que, por si só, pode evitar um colapso que de outra forma poderia ter ocorrido. Na idade adulta, se a pessoa tiver sorte, pode haver muitos momentos isolados que são tão inconscientemente criativos que servem como *genera* psíquicos, curando o *self* por dentro: parte do *conhecido não pensado*[1] da vida cotidiana.

Este livro é, portanto, sobre aquelas pessoas que não encontraram curas transformativas para os traumas da infância, e que, em vista disto, estão fadadas a experienciar um colapso em algum momento de suas vidas.

---

[1] Christopher Bollas, "Psychic Genera". In: *Being a Character*. London: Routledge, 1992, pp. 103–45.

CAPÍTULO QUATRO
Emily

Emily estava na casa dos trinta anos e trabalhava em uma associação habitacional a cerca de dezesseis quilômetros do meu consultório. Ela disse que veio para a análise porque percebia que, embora seus colegas a vissem como uma pessoa muito competente e prestativa, acreditava que isso se devia apenas a um grande esforço de sua parte para os manter inconscientes do quão assustada se sentia e de como era carente. Ela estava em um relacionamento estável com seu namorado e era muito reconfortante tê-lo por perto. Mas ele tinha ficado impaciente nos últimos anos, o que fez com que a ansiedade de Emily aumentasse. Ela parecia pálida e perdida e esforçava-se para falar.

Seu médico a encaminhou para a análise. Durante o primeiro ano e meio, Emily me contou a história de separações recorrentes de seus pais quando ela era criança, do medo que tinha de outras crianças e do seu baixo desempenho escolar. Ela era tímida, mal olhou para mim quando a cumprimentei na sala de espera e se encaminhou para o sofá como uma sonâmbula. Ela falava em voz muito baixa, com longos silêncios; às vezes, parecia ter dificuldade em engolir e com frequência lutava contra as lágrimas, enxugando os olhos com os dedos.

Além de marcar, no dia a dia, as ocasiões em que ela se sentia ansiosa ou vulnerável, onde estava quando se sentia assim e por quê, também tomei nota de seus pontos fortes. Concomitantemente a um passado e um presente compostos de grande dor e vulnerabilidade pessoal, reconhecemos suas capacidades: as maneiras pelas quais ela manifestava habilidade, determinação e direção em sua vida.

Sem ser hostil, ela era cautelosa comigo. Era como se não pudesse confiar em mim, concluiu que tinha que se manter distante. Discutimos isso em todas as suas nuances, relacionando seu modo de ser e de se relacionar com as fantasias que geraram sua mentalidade e com acontecimentos passados que também influenciavam seu comportamento.

Então, uma segunda-feira, Emily anunciou que seu namorado a tinha deixado. Havia alguns meses, ele falara em ir embora, dizendo que achava que poderia ter uma vida melhor do que a que tinha com ela e, no domingo, quando Emily voltou de um passeio no parque, encontrou o apartamento vazio e um bilhete dizendo que ele entraria em contato em algumas semanas. Então, ela se deixou cair em sua cadeira e ficou lá por horas. Quando a vi no dia seguinte, ela andava como um morto-vivo. Estava sem cor e lutava para falar, e houve longos silêncios enquanto estava deitada no divã. Suas lágrimas escorriam. Embora a partida do namorado não tenha sido inesperada, senti que ela teria dificuldade em sobreviver a esse choque.

Após a sessão, com sua permissão, telefonei para seu médico para dizer que estava preocupado com o estado dela e concordamos em manter contato.

Na terça-feira, ela veio para a sessão praticamente no mesmo estado, mas parecia mais desgrenhada. Ela disse: "A propósito, acabei de perder o controle do carro e sair da pista. Foi perda total". Apesar de ter se sentido abalada por esse evento, ela conseguiu chegar ao trabalho, mas era difícil para ela desempenhar suas funções sem o carro.

Na quarta-feira, ela não disse nada e estava toda desarrumada, como se não tivesse tomado banho. Perguntei se estava cuidando de si mesma. Ela disse "não", e então ficou indiferente. Disse-lhe que seu colapso fazia todo sentido para mim, que a partida de seu namorado era profundamente dolorosa, mas que os sentimentos relacionados a esse fato ainda não haviam emergido; por ora, ela estava em choque. Eu disse que achava que seu acidente de carro, seu distanciamento na sessão e os indícios de que não parecia estar se alimentando nem cuidando de si mesma sinalizavam que ela precisava de auxílio complementar.

Ela perguntou o que eu tinha em mente, e expliquei que era minha prática padrão, quando alguém se encontrava em uma situação complexa, fornecer cuidados suplementares. Também disse que gostaria de estar em contato constante com seu médico. No início, ela insistiu que estava bem; mas, depois de alguns minutos, começou a soluçar de forma incontrolável. Por fim disse que concordava que eu estivesse em contato com seu médico. No final da sessão, foi difícil para ela sair do divã e ir embora.

Liguei para o médico, discutimos a situação dela. Ele concordou em vê-la na tarde seguinte.

Na quinta-feira, comuniquei isso a ela. Ela não respondeu; mas, antes de sair, chequei se ela havia entendido sobre a consulta, ela disse que iria. Também lhe disse que queria vê-la no fim de semana, com o que ela concordou; além disso, disse-lhe também que, porque parecia estar se sentindo desorientada, ela precisaria ir e voltar de nossas sessões em um táxi. Informei-lhe sobre um taxista que poderia usar para esse fim: seria providenciado para que fosse buscá-la em seu trabalho, esperasse do lado de fora do consultório e a levasse para casa após a sessão. Como estava sem carro e se locomover em transporte público agora seria muito complicado, ela considerou a oferta útil. Dado seu estado de espírito, concordamos que seria bom telefonar para seu trabalho e avisar que ela não iria no dia seguinte.

Na segunda-feira, o estado de Emily estava se deteriorando. Tinha visto seu médico e ele avaliou que ela provavelmente deveria ir para o hospital, mas concordamos que esperaríamos para ver como as coisas transcorreriam nos dias seguintes. Com sua permissão, providenciei para que uma assistente social fosse visitá-la no início da noite, para ver como estava, e ela se mostrou aliviada com isso. Quando ela saiu da sessão, Edward a levou para o trabalho. Para ela, o trabalho era "reconfortante". Conseguiu adiar as tarefas difíceis e sentia que seus colegas pareciam simpáticos e não intrusivos.

Emily agora estava tendo "visões" que pareciam ser descobertas eidéticas da infância. Não eram criações histéricas, não havia ganho secundário, não havia nenhum prazer nessas aparições. Eram imagens vívidas: sua mãe de avental na cozinha, ela deitada aos pés da mãe enquanto preparava uma refeição, a visão do carro da família desaparecendo na estrada. Esta referia-se a um período de três anos em que fora cuidada pela tia, e só via os pais de tempos em tempos.

De uma perspectiva psicanalítica, o material que estava surgindo era crucial. Escutei atentamente e, quando pensei ter entendido como essas visões nos desvelavam algo sobre seu passado, fiz interpretações. No entanto, a cada dia que a recebia na sala de espera, Emily parecia mais rígida do que antes e imbuída de uma espécie de raiva. Disse-lhe isso em uma sessão; e, nos dias que se seguiram, ela ficou bastante furiosa comigo, mas não conseguia discernir o porquê. Eu lhe disse que não precisava saber, ou tentar falar — eu podia ver e sentir —, mas eu parecia ter-me tornado a mãe/pai que a havia abandonado, e tudo o que ela sentia por eles estava agora entrando no *setting* analítico. Por mais doloroso que fosse, disse-lhe que era essencial que entrasse em contato com a dor e as defesas que usou durante toda a vida para sobreviver.

O assistente social relatou que não havia comida na casa, que Emily não havia tomado banho e que o lugar estava uma bagunça. Havia também correspondências fechadas, incluindo uma cobrança de impostos, espalhadas por toda parte. Ele e seus colegas providenciaram comida, lavaram suas roupas e ajudaram a organizar seu apartamento e sua papelada.

Encontramo-nos por três semanas, sete dias por semana, em sessões de uma hora e meia. Depois, nos dois meses seguintes, voltamos a cinco dias por semana, mas ainda com sessões de noventa minutos. Três meses depois, Emily superou seu colapso.

Ao longo dessas semanas, com exceção de apenas alguns dias, ela foi ao trabalho. As visões de sua mãe durante sua primeira infância liberaram afetos previamente reprimidos, e ela sobreviveu à dor mental dessa experiência. Sua postura corporal mudou: enquanto antes tinha sempre andado com uma postura retesada, agora parecia mais encorpada e se movia mais livremente pelo espaço, como se estivesse comunicando uma dimensão mais humana.

Nos dois anos seguintes, no entanto, Emily ainda estava com uma dor mental considerável, e a percepção de suas perdas iniciais continuava a aparecer sessão após sessão. Ela sempre teve uma compreensão intelectual de suas privações de infância e sabia que seu senso de irrealidade, quando adulta, devia-se ao fato de ter se esquivado da vida porque não confiava nela. Mas, agora, descobrira diretamente, através da experiência emocional, por que tinha vivido daquela maneira durante todo aquele tempo.

Um aspecto imprescindível do processo de transformação para pessoas em colapso é a aliança com as partes saudáveis do *self*, pois estas vão se tornar a base estrutural sobre a qual um novo *self* surgirá. No caso de Emily, essa aliança foi usada de forma eficaz. Nosso reconhecimento dos recursos de seu ego — a parte de seu *self* que a levava a trabalhar — agora permitia que ela os usasse para seguir em frente em sua vida, dotada de uma nova presença emocional.

Em certo sentido, o colapso e a recuperação refletem o processo normal de crescimento e desenvolvimento. Começamos a vida em um estado infantil e temos pais de quem dependemos e que cuidam de nós; mas, desde o início, também temos um *self* nuclear que está se desenvolvendo. Ambas as formas de provisão — externa, dos pais;

e interna, do ego em crescimento — são impreteríveis para o desenvolvimento do *self*.

Embora tivesse formado uma equipe para acolher Emily durante seu colapso e julgasse que estávamos prontos, mais tarde percebi que havia sido demasiado cauteloso. Quando o assistente social relatou o estado de suas condições de vida, ficou claro que ela estava em apuros e que deveria ter sido amparada antes. Deixei que ela sofresse por muito tempo antes de agir e, ironicamente, foi em parte minha ansiedade em cometer o que temia ser uma transgressão analítica o que me impediu de entrar em ação mais cedo.

Sem dúvida, também estava ansioso com a tarefa que enfrentava. Se a contratransferência for muito agitada, o analista não conseguirá administrar as exigências clínicas que se apresentarem. Acima de tudo, o analista precisa estar naquela posição meditativa que Freud defendeu tão brilhantemente: terá que encontrar o caminho para a "atenção uniformemente suspensa", a fim de receber as associações livres e apresentações de caráter do analisando.

O novo *setting* é estabelecido, em primeiro lugar, para cuidar do analista de modo que possa se organizar o suficiente em sua mente e melhor pensar e ajudar seus pacientes. Quando estava trabalhando com Emily, mal conhecia seu médico, tinha encontrado Edward apenas uma vez e ainda não estava suficientemente familiarizado com a equipe de trabalho social para ter certeza de que o sistema de suporte funcionaria a contento. Eu não estava sendo acolhido o bastante.

Percebi que a lentidão de minha resposta à deterioração do quadro clínico de Emily implicou no prolongamento de sua angústia. O que poderia ter levado apenas duas semanas, se eu estivesse mais bem preparado, durou vários meses. A dor mental que ela vivenciou decorreu, em parte, de meu fracasso em garantir o ambiente acolhedor a tempo, recriando, assim, aspectos de sua primeira infância.

Daquele momento em diante, eu estava determinado, caso me deparasse com uma situação semelhante, a agir com muito mais rapidez para iniciar uma análise intensiva e estabelecer um sistema de atendimento mais eficaz.

CAPÍTULO CINCO
Anna

Anna, na casa dos quarenta anos, por vários anos vinha ao meu consultório para psicoterapia. Uma mulher vibrante, otimista e brilhante, ela administrava uma empresa líder de TI em Londres. Morava sozinha, mas tinha muitos amigos e amantes. Embora não fosse ideologicamente contra o casamento ou a monogamia, não estava ansiosa para entrar em um relacionamento de longo prazo.

Certa quinta-feira, quando ela chegou às 15h para a sessão, mal pude acreditar no que vi. Anna, que normalmente se apresentava com trajes deslumbrantes, as bochechas rosadas e a expressão facial atraente, estava desgrenhada, com o rosto pálido e o semblante disforme. Sentou-se na cadeira, sorriu debilmente e, como sempre, começou com um comentário inicial:

— Bem, vamos ver... sobre o que eu posso falar hoje?
— O que há de errado?

— O que você quer dizer?
— Você parece horrível.
— Pareço?
— Você não sabe disso?
— Não. Bem, eu não me sinto exatamente maravilhosa...
— Eu nunca vi você parecendo tão devastada antes.
— Ah. Bem... (Ela ficou em silêncio.)
— Sim?
— Algo aconteceu. Não deveria me incomodar tanto. Eu não sabia que aparecia, então estou surpresa que você tenha percebido, mas é uma questão menor.

Enquanto Anna falava, sua boca secou, peguei um copo de água e coloquei ao seu lado, em uma mesa lateral. Ela engoliu em seco, tentou falar e então ficou paralisada. Nos dez minutos seguintes, encarou-me em silêncio. Continuou tentando falar, colocando a mão sobre a boca, olhando para o teto e juntando as mãos como se tentasse se forçar a dizer algo. Eu lhe disse que estava tudo bem, ela poderia gastar o tempo que precisasse. Saí da sala, enchi seu copo de água e coloquei um bilhete na porta informando que, devido a circunstâncias imprevistas, eu não poderia comparecer aos compromissos naquele dia. Sabia que Anna estava colapsando.

Depois de cerca de meia hora, ela tentou falar novamente, mas não era nada coerente, e isso claramente aumentou seu nível de ansiedade. Disse-lhe que estava tudo bem, que o que quer que a tivesse perturbado, teria tempo suficiente para me contar, e que deveria apenas descansar até chegar a esse ponto. Assentiu com a cabeça, as lágrimas correram pelo seu rosto, e olhou para mim, para o teto, ao redor da sala, fixando os olhos em objetos diferentes. Depois de volta às lágrimas, mais silêncio, e voltou a olhar para mim.

Cerca de quarenta minutos depois, ela sussurrou:

— Christopher, eu tenho que ir. Meu tempo está quase acabando. — Ela olhou para a esquerda para encontrar sua bolsa, que tinha colocado atrás de sua cadeira.

Eu lhe disse que tinha colocado um aviso na minha porta, dizendo que não poderia atender outros pacientes naquele dia, e que continuaríamos até às 18h, para que ela relaxasse. Tentou protestar, mas não conseguiu reunir energia para fazê-lo e caiu para trás em sua cadeira. Saí da sala por alguns minutos e deixei recados nas secretárias eletrônicas dos meus pacientes, cancelando suas sessões naquele dia, e quando voltei dei-lhe outro copo d'água.

Depois de mais ou menos duas horas, ela conseguiu falar, mas de uma maneira totalmente atípica. No lugar de sua costumeira alegria, falou devagar, em voz baixa e com uma falsa calma. Contou-me como Griselda, uma amiga íntima de muitos anos, disse-lhe, no dia anterior, que a considerava uma "vadia egocêntrica" e que não tinha certeza se queria continuar a amizade. Anna fez uma pausa, mordeu o lábio e então disse que aquela era uma declaração tão "chocante" que não podia acreditar naquilo.

Um dos temas da análise até aquele momento era como Anna se saía tão bem com o amor de muitas pessoas. Muito popular, lidava com pequenas disputas cotidianas em seu local de trabalho, por exemplo, sem maiores problemas. Era, no entanto, dada à autoidealização inconsciente e o comentário de sua amiga havia destruído seu senso de *self*. A pessoa sentada à minha frente agora habitava um novo e terrível lugar interior e parecia completamente vazia de si mesma e sem recursos.

Existem alguns elementos vitais de que o analista precisa dispor para ajudar alguém em um colapso, e um deles é uma compreensão clara da *linha de conflito* na história pessoal do analisando. Quando ocorre um colapso, um dos fatores fundamentais para encontrar uma saída é a explicação clara do psicanalista sobre o que está acontecendo e por quê.

Para Anna, eu disse:

— Por toda a sua vida, você teve que acreditar que era perfeita e amada por todos, porque se você não fosse maravilhosa, você sentia que não era nada. Odiando sua mãe como você fez, você se resgatou idealizando seu pai. Ele idealizou você; e, na adolescência, você podia sentir que era uma pessoa maravilhosa. Você tinha que ser para esconder uma parte sua que poderia odiar alguém tão violentamente ao ponto de perder seu senso de *self*.

A característica mais importante do ambiente de acolhimento na psicanálise é o ato de interpretação. Cada passo interpretativo é parte do "*holding* psicanalítico". A pessoa se sente compreendida, não apenas pela presença de um outro empático; mas, sobretudo, pelo entendimento perspicaz que o analista tem do motivo pelo qual ela se acha nessa situação. De fato, nesse nível, a interpretação é uma forma de amor. Ser reconhecido é ser amado em um momento crucial da vida.

Enquanto fazia essa interpretação para Anna, falei devagar e com calma. Disse-lhe que, naturalmente, isso estava prestes a acontecer e, embora doloroso, não era estranho. Essa comunicação é essencial porque, quando alguém entra em um colapso, precisa lidar não apenas com a questão traumática que o desencadeou, como também com um pânico secundário provocado pelo fato de o estar vivenciando. É essa ansiedade primária que é a mais tóxica e precisa de atenção imediata. É importante comunicar à pessoa que sua preocupação é compreensível e que ela ficará bem.

Dizer a alguém que vai ficar bem pode parecer trivial em um nível social comum, mas viola as leis impostas pela psicanálise. A crença generalizada é que os analistas não devem dizer algo assim. Acho que *jamais* devemos dizê-lo, a menos que acreditemos. Não podemos tentar prever o futuro de nenhum paciente com base em conjecturas ou probabilidades. Quando falamos com nossos analisandos, somos obrigados a falar a verdade; e se às vezes retemos um comentário, talvez cometendo uma inverdade por omissão, fazemos isso por prudência, não por engodo.

Quando disse a Anna que a circunstância era compreensível e que ela ficaria bem, acreditei profundamente que assim fosse. Com a equipe me apoiando, e tendo em mente que estava disposto a trabalhar do amanhecer ao anoitecer, pelo tempo que fosse necessário, para ajudá-la em seu colapso, estava simplesmente convencido de que o processo psicanalítico era tão eficiente, tão inerentemente transformativo, que resolveria a questão. Não tenho dúvidas de que transmito essa confiança aos pacientes e que minha crença nos instintos vitais (o processo de desenvolvimento) desempenha um papel importante na mitigação do pânico.

Informei Anna de que ela estava em colapso e que tínhamos um trabalho a fazer e medidas a tomar. Disse-lhe que já vira pessoas em situações similares antes, fazia parte da minha profissão trabalhar com pessoas em tais circunstâncias, mas se íamos passar por isso juntos, ela teria que seguir minhas orientações.

Disse-lhe, também, que teria que deixar todas as suas tarefas para o dia seguinte (sexta-feira) e que eu trabalharia com ela das 9h às 18h. Informei-lhe que marcaria uma consulta para ela com o Dr. Branch para aquela noite. Eles se encontrariam; e, em seguida, ela deveria ir para casa, jantar, ficar longe do telefone e dormir. Entrei em contato com o Dr. Branch, e ele se colocou à disposição para vê-la. Ele, por sua vez, ligou para Edward para providenciar que o taxista fosse buscá-la no meu escritório às 18h.

Ao dizer-lhe que pararíamos em um momento específico, tinha dois objetivos em vista. Eu estava afirmando que essa era uma reunião *delimitada*, que tinha um prazo. Esse senso temporal é muito importante para a parte egoica do *self* e faz parte de seu caminho para a recuperação. O medo da infinitude é uma consequência imediata do início de qualquer colapso; e, portanto, à medida que se aumenta a duração do tempo da sessão, ele deve ser mitigado por um *frame* que seja respeitado. Se alguém dissesse: "Não se preocupe, podemos ficar aqui até que você esteja pronto para sair", isso deixaria o paciente à mercê do funcionamento do próprio ego, o que simplesmente geraria mais pânico.

Entretanto, este não era um mecanismo meramente terapêutico. Meu pacto comigo mesmo era simples: se o paciente não conseguisse sair no horário prescrito, isso indicava que não seria possível acompanhar essa pessoa durante o colapso, e teria que mandá-la para o hospital. Assim, o novo *setting* também representava os limites da minha abordagem.

Ao usar números — "paramos às seis" em vez de "paramos em algumas horas" —, usei a ordem simbólica. Isso serviu como ponto de ancoragem no processo de transformação terapêutica. O que quer que acontecesse entre nove e seis — e eu sabia que o inferno viria abaixo —, esses números representavam tanto a limitação do tempo a ser passado juntos quanto o tempo destinado ao inconsciente para entrar em colapso. Aprendi que as pessoas que estão nesse estado têm uma noção inconsciente de como usar o que está disponível, desde que o analista, como guardião do espaço e do tempo, adira ao *setting*.

Anna disse: "Mas, Christopher... não posso ir ver o Dr. Branch. Tenho uma conferência telefônica internacional muito importante esta noite. Eu não posso perder. Eu tenho que fazer isso". Ela era muito motivada profissionalmente e trabalhava quinze horas por dia, seis dias por semana. Nesse ponto, como já disse, a resistência do paciente à mudança de parâmetros é um bom sinal, demonstra relutância em ter a vida interrompida, como se o ego estivesse dizendo: "Não vou sucumbir a isso. Eu posso passar por isso sozinho. Obrigado por suas preocupações, mas vou ficar bem". Em última análise, esses recursos internos serão indispensáveis para a recuperação do *self*, para seu retorno à vida comum e para o potencial transformativo do colapso.

Portanto, é importante que o analista confirme a validade dessas resistências.

— Olha, Anna, eu sei que isso é importante e respeito seu desejo de fazer isso, e você terá suas conferências dentro de alguns dias, mas não agora.

Quando ela protestou outra vez, eu disse:

— Você não está em condições para isso. O mundo ficará bem sem você por alguns dias, e não posso ajudá-la a passar por isso a menos que você coopere.

Esse é o momento em que analista e paciente negociam os termos do tratamento durante o colapso. Esse contrato é vital. Tendo validado e mostrado solidariedade com a resistência do paciente à mudança proposta, o próximo passo é obter total cooperação com o novo plano de tratamento. Nunca há dois planos iguais: haverá variações no que fazer, por quanto tempo, quem deve estar envolvido e assim por diante.

Anna morava sozinha, mas tinha uma vizinha que era uma amiga muito boa e atenciosa, e eu sabia que essa seria a melhor pessoa para ficar de olho nela. A vizinha sabia da análise comigo e, como meu protocolo é não falar com amigos ou membros da família, exceto em circunstâncias muito excepcionais, perguntei a Anna se poderia ligar para a amiga e pedir que ela viesse naquela noite por meia hora mais ou menos. Ela deveria dizer a amiga que estava passando por uma fase ruim e pedir que a visse nos próximos dias. Anna concordou com a ideia e, de fato, sua amiga mostrou-se uma assistente essencial durante a semana seguinte.

Bateu seis horas. Seu comportamento não mudou. Ela ainda parecia mal e pouco coerente, mas conseguiu sorrir e disse:

— Christopher, você com certeza é duro na queda.

Eu sabia que ela se referia à minha postura de negociação, à minha insistência em chegar a um plano de ação, que havia demonstrado um aspecto de minha personalidade que provavelmente não seria evidente em circunstâncias analíticas comuns. Esse momento envolve uma combinação de cuidados maternos e estrutura paterna. O analista deve equilibrar a provisão de um ambiente acolhedor que permita e contenha uma regressão profunda, mas deve, ao mesmo tempo, trazer elementos paternos estruturantes que contribuem para a recuperação do paciente.

Edward estava na porta para levar Anna ao consultório do Dr. Branch para sua consulta. A contribuição de Edward durante os dias seguintes foi outra parte importante para ela estar "sob cuidados" o tempo todo, mesmo quando estava sozinha. A viagem da clínica onde eu atendia até o consultório do Dr. Branch durava uns vinte minutos de carro, e eu queria que Anna estivesse com alguém que soubesse como responder: quando falar e quando deixá-la quieta.

Mais tarde, conversei com o Dr. Branch e ele confirmou que se tratava de um colapso depressivo e que Anna estava por um fio.

No entanto, eu estava em uma enrascada. Precisava viajar no dia seguinte para Nova York e, depois, seguir para Austen Riggs para uma visita de uma semana, onde daria palestras, faria supervisões e falaria numa conferência pública.[1] Escrevi ao diretor, Gerrard Fromm, e disse-lhe que, para meu grande pesar, não poderia ir porque tinha uma paciente que estava em colapso. Na manhã seguinte, recebi um e-mail que era característico, não apenas dele, mas de todo o *ethos* da comunidade Riggs. Dizia que eu estava certo em agir assim e que me apoiava em minha abordagem, e pediu que o mantivesse informado sobre o progresso da paciente.

---

[1] Para os interessados em ler sobre a história desse notável hospital psicanalítico dos Estados Unidos, ver: Lawrence S. Kubie, *The Riggs Story*. New York: Harper & Brothers, 1960.

Naqueles dias, Riggs tinha uma conferência matinal todos os dias, quando enfermeiras, analistas e funcionários se reuniam e repassavam o que havia acontecido durante a noite. Copos descartáveis de café pontilhavam a mesa enquanto as pessoas acordavam mais uma vez para a realidade de que estavam cuidando de pacientes *borderline* ou psicóticos, e o humor ácido da equipe ajudava a todos a superar as ansiedades do relatório.

É uma demonstração da empatia de Riggs que eles soubessem o que eu estava passando em Londres e o significado que tinha para mim o cancelamento daquela visita. Todos os dias eu enviava uma breve mensagem informando como estava minha paciente, e isso era incluído na reunião diária, como se eu e minha paciente fôssemos parte da comunidade de lá. Fiquei muito emocionado com isso e foi uma parte importante do meu próprio ambiente de acolhimento.

Na manhã seguinte, Edward levou Anna ao meu consultório e começamos às nove. Tal como acontece com todos os pacientes aqui apresentados, não é possível, por questões de confidencialidade, fornecer tantos detalhes quanto eu gostaria, então o que segue é um breve resumo.

Por algumas horas, foi difícil para Anna falar. Eu tinha colocado garrafas de água ao lado de sua cadeira e ela bebia uma atrás da outra.[2] De vez em quando, ela tentava falar, depois se recostava na cadeira, abrindo as pernas, as

---

2 Sempre forneço bastante água. As pessoas ficam facilmente desidratadas quando estão muito angustiadas, por isso é benéfico nesse aspecto, mas também é uma importante provisão simbólica durante este período de análise.

mãos fechadas entre elas, como se estivesse tentando encontrar seu corpo primeiro, antes que as palavras pudessem sair. De vez em quando, eu dizia: "Não se apresse, não há pressa", e ela relaxava na cadeira e fitava o vazio. Então, a palavra "certo!" era disparada por ela, que começava a descrever com minúcias o que a amiga dissera, onde havia dito e por que achava a fala tão perturbadora. Olhou para mim, lágrimas escorrendo pelo rosto:

— Como as pessoas podem ser tão terríveis? Como pode um amigo tão leal ser tão, tão...

— Merda?

— Sim, como ela pôde ser uma merda?

— Bem, eu não sei. Não conheço a Griselda. Você tem tantos amigos que é difícil de acompanhar.

— Nunca dei motivos para ela ficar zangada comigo ou dizer aquilo.

— Talvez, mas você é meio que o centro das atenções de uma comunidade notável de pessoas que te adoram.

— O que isso quer dizer?

— As pessoas te adoram e você ama o fato de que elas te adoram. Imagino que Griselda tenha ficado *puta* com isso.

— Ah, pare com isso, quer dizer, eu nunca dei motivo para ela dizer algo assim para mim. Nunca. Eu nunca dei motivo.

— Então talvez fosse a única maneira de ela chegar até você.

— Eu não acho que é difícil chegar até mim! Acho que estou aberta ao que qualquer um diz! [Pausa.] Christopher, você acha que é difícil para alguém chegar até mim?

— Sim, eu acho.

— Você *acha*?

— Sim, você é tão agitada e cheia de si que não faço ideia do que se passa dentro de você quando está pra baixo, quando as coisas não estão simplesmente excelentes.
— Ora, vai se foder!
— Hum.
— Bem... quer dizer... Sério? Você não faz ideia? O que você quer dizer com "quando estou pra baixo"? Do que você está falando?
— Anna, você pode ser irreal. Você está tentando viver a vida como se tudo fosse apenas um acampamento feliz. E você pode fazer isso mantendo distância das pessoas, assim como mantém distância de mim. Você é fantástica, forte, brilhante e tem muita coisa saudável em você. Mas... você pode ser artificial.
— Eu não sei disso. Eu não sei... quer dizer...

Nesse ponto, ela se encolheu, parou de falar por um tempo, bebeu outra garrafa de água, levantou-se para ir ao banheiro, voltou, sentou-se e começou a soluçar. O choro continuou lenta e ritmicamente por cerca de uma hora, depois parou. Eram 12h30, hora do almoço, e eu disse que a veria às 13h15. Havia um café na esquina onde ela poderia pegar um sanduíche e ela voltou na hora.

As pausas são muito importantes, seja por um fim de semana, um feriado ou mesmo por uma hora, pois cria uma mudança de lugares, e isso traz uma nova perspectiva. O paciente precisa estar longe do outro para pensar diferente.

Anna esteve refletindo sobre mim e transformando o que lhe dissera em suas próprias reflexões. Por uma hora, ela não disse nada, mas estava menos deprimida e parecia pensativa.

— Tudo bem. Entendi. Acho que você está certo sobre eu ser artificial. Eu sei disso. Acho que sempre *soube* disso, Christopher, mas simplesmente não sabia o que *fazer* a respeito. Sempre parecia funcionar. Manteve a paz em casa, deixou meu pai feliz e evitou que eu brigasse com minha mãe, e tive ótimas experiências sexuais por dez anos. A vida estava ótima e eu me saí bem, mas...

— Você continua andando, fugindo, para não ter chance de pensar sobre si mesma.

— Bem, quem iria querer isso? [Ela riu.] Quer dizer, tudo bem, você está certo, mas eu não tenho tanta certeza se os relacionamentos funcionam realmente... e eu sei que estou sozinha, mas por mim está tudo bem.

Foi como se Anna tivesse levado um soco nas costas. Ela tossiu e se inclinou para frente, então se endireitou, olhou diretamente para mim, sorriu, desabou em lágrimas e soluçou. Depois de dez minutos, ela disse:

— Que merda, Christopher, o *que* eu vou fazer?

— Você já está fazendo.

— Estou tão encrencada.

— Um pouco encrencada.

— O quê? Um *pouco* encrencada?

— Já vi muito pior.

— Ah, que ótimo, sorte a sua!

Ela ficou em silêncio por quinze minutos, bebeu mais água e, em seguida, fez uma longa narrativa sobre sua mãe, sua infância e sua juventude.

Às 17h55, avisei que terminaríamos em cinco minutos. Edward a levou para casa. Ela telefonou para o Dr. Branch, conforme combinado, fez uma refeição com a vizinha e caiu na cama exausta, dormindo a noite toda.

A sessão tinha corrido bem. Anna sabia que havia se desintegrado, que seu antigo *self* foi liquidado e que um novo emergiria. Ou, dito de outra forma, o falso *self*, derivado das defesas contra seu ódio infantil em relação à mãe, entrou em colapso e algo mais verdadeiro para ela estava agora emergindo. Embora houvesse momentos preocupantes na sessão — quando se distanciava, parecia estar se esvaziando —, ela sempre voltava.

Meus comentários eram muitas vezes confrontantes e diretos, porque o idioma informal geralmente parece intuitivamente apropriado em momentos como esses. Um efeito secundário da brevidade e da franqueza é que elas são compreensíveis (uma espécie de frase de efeito psíquico) e, se forem apresentadas com carinho, despertam afeto no analisando e mobilizam uma agressão generativa.[3] Essa agressão faz parte do jogo essencial do ser humano. Não é um jogo suave, idealizado, tipo *Vila Sésamo*, mas um jogo da sagacidade e da verdade: um jogo que atinge o âmago das coisas. Como uma piada, esse tipo de jogo é uma experiência emocional, condensando muitas das preocupações inconscientes do *self* em sua brevidade.

Tal jogo se dá de ego para ego. Meus comentários e os comentários dela faziam parte de uma contínua mobilidade de pensamento que estava reunindo seu afeto reiteradamente. Mesmo enquanto descia às profundezas de sua depressão, ela estava, ao mesmo tempo, construindo

---

[3] Winnicott via a agressão como semelhante à mobilidade. Era uma indicação da capacidade do *self* de utilizar o objeto de maneira essencial e necessariamente implacável; um recurso para que o verdadeiro *self* seja ele mesmo em meio a sutilezas relacionais.

o novo *self* que surgiria dessa experiência. É claro que ela não sabia disso, mas eu já tinha visto essa característica — a presença de recuperação em meio ao colapso — muitas vezes e podia me sentir à vontade com isso.

No domingo, Anna chegou às 9h. Ela estava angustiada.

— Christopher, eu me borrei.

— Tudo bem.

— Eu... eu... estava na cama esta manhã, e sem pensar ou sequer saber, de repente havia uma inundação de merda por toda parte, e eu estava coberta por ela.

— Perturbador.

— *Isso* é um eufemismo. Eu não acreditei no começo, mas depois acreditei. Então me levantei, fui ao chuveiro e tirei toda a merda de cima de mim. Depois voltei para o quarto, peguei todos os lençóis, coloquei na lavanderia e... bem...

— Então você cuidou disso.

— Sim, mas eu me borrei. Isso significa algo. Isso significa que eu estou numa *verdadeira* enrascada.

— Anna, acho que isso foi uma coisa boa.

— O quê?

— Você tem sido *muito* autocontrolada, mantendo todas as suas merdas sob controle. Então você teve um bom descanso, você estava calma e estava livre o suficiente para deixar um pouco da merda sair.

— Você está de brincadeira comigo?

— Claro que não.

— Mas eu não posso sair por aí me borrando assim!

— Na verdade, Anna, acho que seria bom se você tivesse um pouco mais de merda consigo do que tem.

Nesse ponto, Anna caiu na gargalhada e continuou rindo pelos próximos dez minutos.

— Certo, então eu entendi. Este processo é um daqueles em que eu deveria sair daqui me sentindo uma merda, e então me cobrir disso, o que é uma coisa boa, certo?

— Tenho que pensar nisso.

— Eu te deixei desconcertado.

— Sim.

— Bem, *bom* para mim!

O tempo passou, então eu disse:

— Acho que o que você estava dizendo é mesmo bastante profundo. Eu acho, de fato, que se você pode ser menos limpinha e mais real, talvez revelando que você é um pouco de merda, que você tem pensamentos de merda, então você não vai forçar amigos como Griselda a ter que socar você, porque você é tão ofensivamente boazinha.

Ana ficou em silêncio. Ela olhou para a esquerda e depois ao redor da sala, em uma pose que eu já tinha visto antes, e que queria dizer: "Estou realmente pensando nisso". Então, depois de dez minutos:

— Acho que entendi isso. Meu *zeitgeist* não está funcionando. Não posso ludibriar as pessoas pensando que sou tão maravilhosa quando sei que não sou. Elas sabem que não sou, então tenho que cair na real. Entendi. Então, quanto tempo mais você acha que tenho que ficar aqui? Quer dizer, acho que entendi, então posso ir agora, ou daqui a uma hora, certo?

— Sabe, Anna, você acabou de nos mostrar uma coisa: como você é uma espécie de artista de estudo rápido. Você captou um ponto, mas agora o está usando para sair daqui e escapar desse ponto, reduzi-lo a uma percepção intelectual.

— Ah, merda!

— Exato.

— Então você não acredita no que eu disse?

— Não, eu acredito em você. Mas acho que você está explorando sua mente para evitar a experiência emocional que reside no *insight* que você acabou de alcançar.

— O que você quer dizer?

— Acho que você está tentando sair desta sala o mais rápido possível. Com a primeira sensação de recuperação, que acho que está acontecendo, você vai sair correndo daqui como saiu correndo de sua família, escapar antes de realmente ter que passar pelo processo de lidar com a merda que está acontecendo em sua mente, em sua família.

— Nossa, sabe, às vezes, eu poderia simplesmente matar você. Você é tão brilhante e isso é tão irritante.

— Anna, não é que eu seja brilhante. O que você acabou de fazer aqui e agora é óbvio. É o que seus amigos veem, e lembre-se... você escolheu me mostrar isso. Então, tudo só depende de sua própria honestidade.

Seguiu-se um silêncio de mais ou menos uma hora. Esse momento é difícil de descrever, mas foi transformativo. Anna tinha tido um *insight*, mas usara seu intelecto para tentar fugir e eu a confrontei. Ao apontar que fora sua própria descoberta, e não minha engenhosidade, que discernira esse fato, eu me aliava à parte dela que realmente queria melhorar a si própria, que não queria recorrer a uma solução falsa e maníaca para seus problemas.

Anna se encontrou comigo por três dias, das nove às seis. No final do terceiro dia, ela se recuperou de seu colapso e eu lhe disse que, nas próximas duas semanas, queria vê-la diariamente, inclusive aos sábados, durante quarenta e cinco minutos por sessão. Dei a ela uma data final. Eu já havia consultado o Dr. Branch, Anna havia me dado a avaliação de sua vizinha ("Acho que você está superando isso, Anna") e o prazo parecia ser apropriado para o ego.

Duas semanas depois, retomamos seus horários normais de sessão.

O colapso de Anna era inevitável. Na verdade, acho que foi apenas sua força notável que impediu que isso se sucedesse antes. Aconteceu daquele jeito porque ela estava em psicoterapia e por causa de uma convergência de eventos: um dos quais, aliás, foi a perspectiva de minha partida por uma semana. Ambos aprendemos muito com isso, mas é o que o paciente aprende sobre si mesmo que é transformativo. O aprendizado que ocorre dentro do colapso do *self* é emocionalmente profundo. É um pensamento saturado da verdade do *self*, e minha experiência é que, desde que o analista esteja ao lado do paciente no decurso dessa transição, o processo se concluirá positivamente.

Com Emily e Anna, o início de seus colapsos foi repentino e devido a um encontro traumático imediato. Em ambos os casos, no entanto, eu estava ciente das falhas básicas existentes em suas personalidades e, embora não possamos saber como teriam se saído se não tivessem sido abalroadas pela realidade, calculei que seria apenas uma questão de tempo até que ficassem paralisadas e indefesas. A estrutura da análise — nas formas de interpretações de suas vidas e da transferência comigo — constituiu uma matriz que existia antes da crise, e são esses aspectos comuns da análise que são cruciais no trabalho com pessoas em colapso.

CAPÍTULO SEIS
Mark

Mark era um pintor bem conhecido, altamente bem-sucedido, recluso, mas socialmente hábil e encantador quando a ocasião demandava. Ele veio para a análise quando estava na meia-idade porque nunca havia se apaixonado e concordava com seus amigos que o descreviam como distante e indecifrável. Embora adorasse pintar, até isso começava a parecer mais uma produção comercial do que um ato criativo.

De bom grado, aderiu à associação livre, mostrando-se um analisando altamente produtivo, e nos dois primeiros anos de análise, alcançou novos *insights* sobre si próprio, começou a namorar e aprendia com seus fracassos nos encontros relacionais. Na transferência, mantinha uma distância neutra de mim; embora, de vez em quando, ao viajar, escrevesse cartas de carinho, afeto e apreço.

Então, pelas circunstâncias da vida, Mark precisou deixar Londres e se mudar para Seattle. Perguntou se poderímos continuar a análise por telefone. Naquele tempo, eu era cético sobre isso, mas concordei em fazer uma experiência para ver se funcionaria. Combinamos as datas em que ele viajaria para Londres e poderíamos nos encontrar pessoalmente. Na mesma época eu dava seminários em Seattle, onde costumava alugar uma suíte para dar aulas, então poderia vê-lo lá também.

Dois anos depois, Mark continuou a desenvolver mudanças positivas. Mais importante: apaixonou-se pela primeira vez na vida, e compreendemos por que isso não tinha sido possível até então. Nos primeiros quatro anos de sua vida, sua mãe esteve deprimida, e quando tinha doze anos, ele precisou lidar com a morte de seu pai, de quem se mantivera distante. Nesse momento, Mark se fechou e decidiu que nunca daria seus afetos a ninguém. Era decente com sua mãe, mas sentia uma raiva profunda e inabalável por ela ter falhado com ele na infância. Entendia que apenas por meio de uma independência quase fanática se tornaria um sucesso em sua carreira. Quando as mulheres se apaixonavam por ele — como acontecia com bastante frequência —, logo se ressentia delas porque supunha que estivessem tentando interferir em sua lealdade a si próprio. Deixava de ir às inaugurações de suas exposições refugiando-se em sua casa, sentindo que as pessoas estavam "lucrando" com seu sucesso e que se não fosse tão bom no que fazia, ninguém se interessaria por ele.

Então, quando Mark se apaixonou por Joyce, viu-se em terreno insólito. Foi uma relação tumultuada. Ela era quinze anos mais jovem, também uma artista, sexualmente ativa, exótica. E, assim como ele, também compartilhava o hábito de desaparecer sem aviso prévio. Esse espelhamento de si, parte do próprio caráter de Joyce, não somente desarmou Mark, como também criou nele uma ansiedade descontrolada. A análise do fato de que projetava nela seu ódio vingativo em relação à mãe o ajudou a ter alguma perspectiva sobre sua reação aos sumiços dela, entendendo que estes eram uma tentativa de se recuperar de seus medos de dependência. Mesmo assim, ele sofria intensamente.

Depois de um ano morando juntos, ambos regrediram. Joyce tornou-se maníaca e violenta, jogando coisas nele e gritando com ele em lugares públicos, e Mark respondia indo para seu lugar de dor predileto, que conhecia bem e havia usado contra seus pais, mas isso funcionava cada vez menos. Do nada, ficou furioso e, em uma ocasião, quebrou a maioria dos móveis em seu apartamento; depois, caiu em posição fetal por algumas horas, fugindo dali na sequência.

Descobriu, então, para seu horror, que Joyce era uma ladra. Não uma amadora casual, mas uma semiprofissional. Deparou-se com um estoque de joias roubadas por ela e, quando a confrontou, ela disse que as havia roubado em festas às quais tinha ido. É claro, de que outra forma ela poderia financiar a carreira? Ele poderia ser um sucesso, mas não era o caso dela, e ela precisava do dinheiro.

Mark decidiu romper o relacionamento e voltou a se valer de estilos antigos de rejeição dentro de si. Sabia como colocar alguém "no gelo", tendo feito isso com seus pais muitas vezes, mas agora, evidentemente, não estava dando certo. Ele ainda amava Joyce. Enquanto conversávamos ao telefone, houve longas pausas durante as quais senti não um distanciamento, mas um desamparo progressivo. Durante uma sessão de quarta-feira, ficou claro que Mark estava colapsando, e eu disse que o veria no dia seguinte às 16h. Consegui pegar um voo para Seattle e o encontrei no dia seguinte no hotel.

Era impressionante que não tivesse se oposto à minha afirmação de que o veria no dia seguinte, mas quando nos encontramos não foi difícil entender por quê. Quando acenei para ele no saguão do hotel, não se mexeu. Fui até ele e disse: "Venha comigo", e ele me seguiu como um zumbi.

Conversamos das 16h às 18h. Falei que trabalharíamos todos os dias das 9h às 18h, com intervalo de uma hora para o almoço. Disse-lhe que não sabia quanto tempo levaria para acompanhá-lo em sua crise, mas que isso não deveria ser motivo de preocupação. Passamos por cima das regras básicas. Não queria que ele fosse de carro para as sessões e pedi que providenciasse a viagem de táxi. Disse-lhe que achava que ele estava colapsando — ele assentiu — e adverti-o de que teríamos dias difíceis pela frente, mas estava confiante de que, se ele permanecesse firme, ficaríamos bem. Contatei um psiquiatra/psicanalista local, que conhecia de meus seminários, e ele concordou que ficaria de prontidão caso eu precisasse dele. Sabia de um hospital local que poderia usar, e o hotel tinha à disposição uma boa empresa de táxi.

Na manhã seguinte, Mark chegou pontualmente às 9h. Parecia mais calmo e vestia-se com bom gosto. Chegamos à suíte-consultório, ele viu as garrafas de água alinhadas e disse: "Obrigado, é muito legal de sua parte". Deitou-se no sofá e eu sentei atrás dele. Não disse nada durante os primeiros quinze minutos, mas bebeu várias vezes de uma das garrafas de água. A cada vez que a fechava, ele girava a tampa com muito cuidado, olhando para ela com demasiada concentração enquanto o fazia.

— Muito bem — ele riu, depois disse: — Então, por onde começo?

Mas as palavras mal saíram de sua boca. Então se virou de lado, encarou a parede e soltou um grito indescritível. Foi uma espécie de som estrondoso que deu origem a soluços intensos e persistentes pelas duas horas seguintes. Às vezes, parava um pouco; às vezes, bebia água; uma ou duas vezes, ia ao banheiro; depois, voltava ao divã, virando-se para a parede, e os soluços voltavam. Ele não conseguia falar e eu não disse nada.

Mais tarde, quando de fato começou a falar, sua voz estava rouca e parecia embargada de afeto. "Por quê?", ele repetiu múltiplas vezes ao longo dos próximos cinco minutos. "Eu a amo. Por que ela fez isso?" Embora falasse em voz alta, essas não eram perguntas dirigidas a mim, e continuei calado. O meio-dia chegou muito rápido, ele saiu para almoçar por uma hora e nós retomamos às 13h.

O resto do dia foi praticamente o mesmo. Seus comentários continuaram a ser fundamentalmente retóricos, e descobri que isso é uma função essencial na autorrecuperação. A pessoa precisa primeiro ouvir seus próprios pensamentos, fazer com que ecoem no espaço psicanalítico bem antes que o analista comece a comentar. Isso faz parte de uma transição da reação à crise atual para o trauma subjacente que ela ativou. O vínculo primário será feito pelo afeto do analisando. Depois disso, o que o analista disser terá um significado totalmente diferente.

Por volta das 16h, Mark ficou mais reflexivo. Estivera soluçando a maior parte do dia, bebera sete garrafinhas de água e, muitas vezes, revirava-se no sofá, embora também houvesse longos períodos em que ficasse inerte, mas não dormia. Então, disse, com uma voz calma, que tudo era tão estranho. Tivera que rejeitá-la, mas não queria isso, e era *ele* quem se sentia abandonado.

— Acho muito estranho porque, no passado, não deixava ninguém chegar perto de mim, ou batia a porta na cara das pessoas, e isso era gratificante. Eu queria machucá-las. Eu não queria machucar Joyce. Eu a amo. Tive que fazer isso, mas não tenho certeza se posso sobreviver.

— Penso que se o seu *self* de um ano de idade pudesse falar sobre ter que rejeitar sua mãe por causa da depressão e da frieza dela, é isso que ele diria.

— Que tive que rejeitá-la e mesmo assim me senti abandonado?

— Penso que sim.

— Parece tão certo o que você diz. Minha mãe não era uma mulher ruim, ela...

Nesse ponto, ele ficou em silêncio e depois chorou por mais uma hora. Era a primeira vez, em todo o tempo que o conhecia, que ele expressava qualquer sentimento por sua mãe, e agora estava profundamente imerso naquela dor adiada.

Senti que as seis horas chegaram muito rápido. Avisei-o cerca de cinco minutos antes de pararmos. Disse-lhe que preferia que fosse para casa, comesse alguma coisa e dormisse cedo, e que eu o veria na manhã seguinte, às 9h. Ele não disse nada e saiu do quarto com os ombros curvados, parecendo esgotado.

Na manhã seguinte, ele chegou a tempo e me disse que dez minutos depois de fazer uma refeição modesta, tinha ido para a cama e dormido por doze horas. Eu sabia, por experiência, que esse era um resultado muito comum de uma sessão de um dia inteiro. O paciente fica exausto com a análise e, geralmente, dorme a noite toda.

Ele se desculpou e disse que não tinha nada em mente. Houve cerca de meia hora de silêncio, bebeu uma das garrafas de água, depois foi ao banheiro, voltou e parecia calmo.

— Estou pensando em minha rejeição se tornando meu abandono. Acho que pratiquei isso a vida toda. Correção. Acho que pratiquei isso quando criança por algum tempo até que se tornou uma segunda natureza. Só que, então, sentia prazer em fazê-lo, não sentindo mais que estava abandonado, mas que outras pessoas tinham que experimentar o *meu* abandono. Fiz muito isso com minha mãe e meu pai.

— Faz sentido, não é?

— Por que eu me divertia com isso?

— Porque você transformava uma situação em que você estava indefeso em uma em que você estava no comando.

— Cara, isso explica muita coisa.

Ele ficou silencioso por uma hora. Nosso breve diálogo é típico desse tipo de trabalho. Este era o momento em que ele estava pronto para entender como seu caráter se estruturou em torno de uma defesa contra a experiência emocional do abandono. Quando um paciente chega a esse tipo de *insight*, meu costume é ajudá-lo a ver como suas defesas infantis fazem sentido.

Também aprendi que, no colapso, os pacientes só podem receber interpretações até certo ponto, após isso precisam de longos períodos de silêncio. Não são momentos introjetivos. Não acho que estejam, fundamentalmente, absorvendo algo dito pelo analista. Em vez disso, acredito que o comentário do analista libera algo conhecido, mas não pensado (o *conhecido não pensado*). É muito importante, logo, que o analista desapareça como presença interpretativa a fim de dar tempo ao paciente, para que o *conhecido não pensado* flua livremente, por meio de memórias, experiências emocionais e associações livres.

O almoço chegou, e retomamos às 13h.

Mark ficou calado por algum tempo e então falou sobre Joyce.

— Acho que a escolhi porque podia amá-la. No intervalo, uma pergunta passou pela minha cabeça. "Por que eu a amava tanto?" E sei que é porque podia sentir sua vulnerabilidade, podia vê-la lutando contra algo impermeável e a amava por isso.

— Você podia vê-la lutando contra você mesmo.

— Minha frieza.

— Sim.

— E ela sobreviveu a mim, continuou tentando e nunca desistiu.

Uma nova rodada de soluços se seguiu a essa declaração e, depois de cerca de quinze minutos, ele continuou falando:

— Eu a amava, mas ela estava me destruindo. Foi demais.

— Penso que você tentou muitas vezes, quando menino, falar com sua mãe e seu pai. E então sentiu como se estivesse se destruindo e desistiu. Joyce é a primeira pessoa com quem você compartilhou essa experiência, e ela foi seu "duplo" em alguns aspectos.

— Ela estava no meu lugar.

— Pensei que sim.

— Acho que sei disso. Os piores momentos foram quando percebi que estava começando a... a... a...

— Odiá-la?

— Sim, a odiá-la. Eu pensei que era bom. Pareceu ajudar. Acho que queria que continuasse.

— Como sempre, facilitaria as coisas.

— Sim, e... mas...

— Não estava funcionando, porque você a amava.

Mark chorou por um longo tempo. Então, por algumas horas, ficou quieto, parecia pensativo. Levantou-se duas vezes para ir ao banheiro. Então, abriu uma nova garrafa de água e bebeu. Claro que ele sabia que eu estava na sala, mas ele estava em um mundo só dele, e parecia não haver necessidade de me reconhecer ou fazer os gestos sociais corriqueiros. Lembrei-me dos meus filhos quando estavam em seus berços, apenas olhando ao redor e bastante contentes.

Depois de muito tempo, disse-me que julgava estar bem. Discutiu por que sabia que tinha que deixar Joyce e listou as razões pelas quais a imaturidade e impetuosidade eram simplesmente enlouquecedoras. Disse-me que tinha aprendido, agora, que podia amar e que podia estar em um relacionamento, e se voltou para um tema que eu havia enunciado muitas vezes na análise: que o tinha visto dando passos progressivos para encontrar a parceira certa para si. Disse acreditar que eu estava certo. Ele não ia mais transar com qualquer mulher, encontraria a pessoa certa para ele.

Sua voz e atitude haviam mudado. Ele emergiu de seu colapso. Disse-me que nas duas noites anteriores esteve mais exausto do que nunca e dormiu profundamente, sentindo-se curado pelo próprio sono. Por volta das 16h ficou meio inquieto. Disse-lhe que achava que ele tinha superado o colapso e que a sensação na sala era diferente.

— Até mais ou menos meia hora atrás, não tinha noção do tempo aqui. Só me levantei para ir ao banheiro. Quando você me disse pela primeira vez que era hora do almoço, parecia que eu estava na sala por apenas alguns minutos, e que o tempo tinha voado. Nunca pensei que me recuperaria da perda de Joyce, por isso estou bastante espantado com a forma como pude fazê-lo.

— Nós lhe demos tempo.

— Sim, isso é verdade. Entrei em pânico na semana passada. Tive pesadelos terríveis e uma sensação insuportável de perda. Achei que não conseguiria sobreviver.

— Bem, você certamente expressou sua perda dela aqui e isso reverenciou seus sentimentos por ela.

— Sim, é uma maneira curiosa, mas apropriada de dizer isso. Tentei muito, e ela não conseguiu aguentar. Espero que fique bem.

Então, falou sobre Joyce e como poderia ajudá-la nos próximos meses. Ela não estava bem, e ele pensou em como poderia auxiliá-la financeiramente, enquanto mantinha-se distante dela.

Faltando mais ou menos uma hora, disse-lhe que acreditava já termos atingido nosso objetivo e que retomaríamos a análise por telefone dali a dois dias. Mark disse que estava tudo bem. Às 18h ele se levantou, apertamos as mãos, ele disse: "Muito obrigado". E respondi: "Faz parte do meu trabalho". Ele saiu. Arrumei minha mala e fui para o aeroporto.

CAPÍTULO SETE
Histórias e o *après-coup*

Nos ensaios anteriores, fiz uma distinção entre passado e história.[1] O passado é a experiência primária vivida pelo nosso *self* enquanto existimos como um ente entre tantos outros. Mas os fatos de nossa vida pouco significam, a menos (e até que) sejam submetidos a uma transformação inconsciente. Nenhum ato que praticamos, nenhum ato praticado contra nós, nenhum evento em nosso passado significa alguma coisa a menos que atribuamos a ele significado. Todos temos um *passado*, mas nem todos temos uma *história*.

Algumas pessoas pensam muito sobre seu passado e criam "histórias". Na psicanálise, essas histórias são importantes, pois refletem o esforço para transformar a ex-

---

[1] Bollas C., "The Functions of History". In: *Cracking Up*. Nova York: Hill & Wang, 1995, pp. 66–100.

periência passada de uma coisa em ordens imaginárias e simbólicas que geram sentido. No entanto, essas histórias podem estar repletas de autoenganos, destinados — muitas vezes, mas nem sempre — a tirar o foco de elementos dolorosos do passado. Parte do trabalho da psicanálise, então, é reconstruir as muitas histórias do *self* na versão revisada e coconstruída, que é o produto da análise.

Tendo em vista que só entendemos uma pequena parte de nossa mente, é uma sorte que o ato de historiar pareça extrair informações do inconsciente. Uma das funções do inconsciente é armazenar as experiências perturbadoras do *self* infantil para um momento no futuro, quando serão transformadas em narrativas conscientes. É como se o impacto do real fosse retido inconscientemente e recebesse prioridade psíquica, de modo que, se nos tornamos historiadores do *self*, em um momento posterior de nossa vida, essas áreas são enviadas para nós com o rótulo "entrega especial". A presença do analista, que não apenas anuncia um interesse pelo passado, mas também registra meticulosamente os eventos recentes e os relaciona com a história antiga, afeta o inconsciente do analisando e abre a porta para o material de fonte primária que libera das bibliotecas do inconsciente.

A história compartilhada de uma pessoa que está em colapso geralmente é muito clara. É simples explicar por que o analisando está em crise. Um colapso é uma *gestalt* paradoxal: um momento de fragmentação do *self* é, ao mesmo tempo, um momento de integração do *self*. No fim das contas, é mais formativo do que disruptivo. Contudo, uma vez que a verdadeira forma do *self* está agora se impondo, as estratégias anteriores usadas para detê-la, adiá-la e evitá-la a qualquer custo, começam a desmoronar, e isso alarma o ego, cujo objetivo é defender o *self* contra o perigo endopsíquico.

Este é um daqueles momentos em que os interesses do ego e os do *self* se confrontam. Para o *self*, uma verdade está começando a emergir na forma de uma crise existencial embutida com um significado latente. Para o ego, a irrupção é experimentada como uma ameaça às defesas há muito estabelecidas contra a força inevitável dessa verdade sempre emergente.

No momento do colapso, dois passados se encontram: o passado imediato do evento, que catalisa a crise, e a infância do paciente. A condensação onírica do evento crítico, a qual se desdobra, requer desconstrução associativa livre e saturação emocional antes que sua história possa ser contada. Enquanto esse trabalho é feito, a experiência recente comunica às muitas etapas do passado do *self* que é chegada a hora da liberdade de informação, e são construídos elos entre o passado recente e a infância.

Poder-se-ia imaginar que essa descoberta fosse reveladora; mas, na verdade, não é isso o que tenho verificado. Apesar de o encontro dos dois passados ser profundo e comovente, o conteúdo não costuma apresentar dados surpreendentes.

Mark forjou defesas contra o acesso das pessoas ao seu íntimo porque sua mãe era paranoica. Ele estava consciente disso. Então, apaixonou-se, permitindo que sua parceira se aproximasse. Quando ela foi embora, ele colapsou. Face a essa circunstância, as razões para o colapso parecem bastante óbvias; mas, curiosamente, mesmo que tais explicações possam não ser novas, à medida que o analista e o analisando articulam esses entendimentos simples dentro da nova situação, a maioria dos pacientes descobre o passado se descortinando de uma nova forma. Um passado que é reafirmado ou narrado diversamente. Nesse momento, parece que não é o conteúdo do passado que é terapêutico, mas o *ato de fazer história* que é generativo e transformativo.

Então, qual é a natureza da experiência adiada que, em algum momento, chega para causar um colapso?

Em um trabalho anterior, argumentei que uma criança que vivencia um evento psicológico perturbador irá mantê-lo congelado.[2] Essa atividade inconsciente visa encapsular a experiência chocante, preservando-a para que possa ser revisitada mais tarde. Essa é simplesmente uma forma de parafrasear a teoria freudiana do trauma (*Nachträglichkeit*), na qual o inconsciente responde a um choque adiando seu impacto até que a criança tenha a capacidade de experimentá-lo, tanto mental quanto emocionalmente.

O material comum da infância está exposto para leituras inconscientes que podem transformar o ordinário em extraordinário. Ser obrigada a cantar na frente da classe, ser forçada a lutar com outra criança, ter a lancheira roubada... A criança pode ser incapaz de falar essas coisas com os pais, mas a experiência do *self* será indelével.

Alex, na primeira sessão de colapso, começou relembrando uma ocasião em que estava no cinema, aos doze anos de idade. Ele havia beijado sua namorada que estava ao seu lado. Um colega sentado atrás dele havia dito: "Alex não sabe beijar!" Assim que isso foi dito, ele sentiu um estranho tipo de choque percorrendo-o dos dedos dos pés

---

[2] Bollas C., "Historical Sets and the Conservative Process". In: *Forces of Destiny*. London: Free Associations Books, 1989, pp. 193–210.

à cabeça. Suas pernas ficaram bambas, ele quase urinou, mal conseguindo se segurar no banco e, quando o filme acabou, só conseguia pensar em como sairia do cinema sem desmaiar. Desconstruir o motivo pelo qual essa experiência foi um choque levou algum tempo na análise, mas ele acabou se lembrando que, quando o evento aconteceu, teve um pensamento de que aquilo havia mudado sua vida, não sabia o que fazer e nunca mais seria o mesmo.

Em meu livro *O momento freudiano*, argumentei que a descoberta da psicanálise, em particular do *par freudiano* — o analisando fazendo associações livres e o analista escutando livremente[3] —, foi a concretização de uma preconcepção filogenética.[4] Por milhares de anos, homens e mulheres buscaram, de forma inconsciente, precisamente esse tipo de relacionamento, no qual pudessem falar o sonho para um "outro" que ouviria e, então, traria à tona o conhecimento inconsciente do significado do próprio *self* por meio do processo de associação livre. O termo "psicanálise" é a conceituação dessa compreensão e, como significante, aponta para um projeto que ocorre dentro de um tipo especial de relação.

Acredito que a criança que fica aturdida por um evento transtornante, na realidade, tem uma sensação inconsciente, ou preconcepção, de que um dia será capaz de recorrer a um outro dotado de empatia a fim de dar sentido à experiência — essa expectativa pode ser baseada em figuras existentes que são importantes em sua vida, como

---

[3] O termo "escuta livre" foi cunhado por Adam Phillips e eu o adotei. Ver Adam Phillips, *Equals*. Londres: Faber & Faber, 2022, p. 31.
[4] Os conceitos de "preconcepção", "realização" e "conceituação" foram formulados por Bion, e os uso aqui para meus próprios propósitos.

bons avós; personagens de contos de fadas antigos, que parecem providas de amabilidade e sabedoria inesgotáveis. Não há apenas uma crença inconsciente na chegada desse outro, mas haverá também uma busca para encontrar tal pessoa, em cuja presença esses estados congelados do *self* possam ser liberados, então conceitualizados e, finalmente, compreendidos.

Muitas vezes essa preconcepção parece se realizar quando o *self* se apaixona. Devido à promessa de amor e ao sentimento inebriante desse relacionamento, não é incomum que o *self* processe alguns de seus estados armazenados por meio de revelações marcantes à pessoa amada. O problema é que, embora possa se sentir, inicialmente, grata e privilegiada por ser presenteada com segredos tão preciosos, essa pessoa pode não demorar muito para que se sinta incomodada por isso e não tenha certeza do que fazer. Não é suficiente que o parceiro tenha "tirado isso do seu peito", pois não houve a ab-reação do afeto soterrado pelo evento. Essa preconcepção tem de ser experienciada na presença de um outro, que a converterá em significado. Isso geralmente é demais para um parceiro amoroso fazer — embora muitos tentem — e o estresse da situação pode ser demais para o casal, que pode até se separar sob esse tipo de tensão.

No mundo da terapia, muitos adultos procuram pessoas que se apresentam como prontas para receber, conter e processar esses estados de *self* armazenados. A essa altura, entretanto, embora algumas pessoas se lembrem do evento que originalmente as transtornou, muitas já o esqueceram. Pode estar presente como um sentimento de algo que sabem que está dentro delas, mas não pode ser pensado.

Todos nós somos constituídos do *conhecido não pensado*. Conhecemos o mundo da nossa infância através da experiência inconsciente. Antes de adquirirmos a linguagem, falta-nos o equipamento mental para pensar as experiências que temos, então elas são armazenadas em categorias representacionais não verbais — o jogo de luz, o som de uma voz — que são compostas de unidades psicossomáticas. Com o tempo, elas podem se conectar umas às outras e formar a base da experiência emocional e da fantasia inconsciente.

Normalmente, uma vez adquirida a linguagem, esses estados pré-verbais são transferidos para a ordem simbólica. Isso significa que uma experiência inicial problemática se ligará a palavras que, então, terão seu significado para o resto da vida do *self*. Um paciente, por exemplo, disse que sempre que ouvia a palavra "banana", uma espécie de mal-estar tomava conta dele. Ele não olhava para essa fruta nos mercados porque não gostava do som da palavra. Levou muito tempo para essa palavra se decompor em seus significados. "Ba" significava "bah!", "nana" significava "na, na, na!". Então "banana" carregava um poderoso e desdenhoso "Bah! NÃO!" do outro. Era, literalmente, um evento de revirar o estômago para esse paciente, e sempre que ouvia a palavra, seu rosto se contorcia de nojo. Essa era uma expressão corporal pré-verbal de um estado do *self*; uma experiência infantil era transferida para a palavra "banana" porque ela capturou aspectos dessa experiência, e depois foi mantida na ordem simbólica para armazenamento e compreensão.

Assim, antes de um colapso, as pessoas podem procurar psicoterapia porque têm a sensação, desde o *conhecido não pensado*, de que algo perturbador está a caminho para alguma forma de representação. A experiência emocional que constitui a liberação do *conhecido não pensado* no ambiente terapêutico é o cumprimento de uma promessa inconsciente que a criança faz para o *self*. Quando, por fim, há alguém para receber o inexplicavelmente doloroso, o confuso, o horripilante, a maioria das pessoas, que estão ocupadas por estados de *self* profundamente transtornantes, entram em colapso.

Isso nos leva ao comentário antipsicanalítico, frequentemente repetido, segundo o qual a psicanálise piora as pessoas, ou seria uma doença que promove a cura. Não há dúvida de que, em muitos casos, quando as pessoas chegam à análise, esse evento desencadeia o movimento do trauma interno em direção à realização mental e à compreensão final. E não resta dúvida, também, de que a estrutura do processo psicanalítico está posta para desencadear essa emergência para que possa contê-la e transformá-la. No entanto, é incorreto sugerir que a psicanálise é a causa da crise. Esses colapsos acontecerão em algum momento, seja dentro da ação evocativa de um relacionamento ou quando houver um novo choque para o *self* na vida externa.

Uma das mais importantes tarefas que o analista enfrenta é descobrir, em detalhes, o evento que precipitou o colapso na pessoa. Uma vez que esse evento tenha sido desconstruído e analisado meticulosamente, o analisando pode sair de uma posição de caos mental, dor e ansiedade profunda para o domínio da compreensão histórica.

Mesmo quando fica claro como o inconsciente interpretou o evento, isso não resolve de maneira automática as ansiedades que estão presentes. O que ele consegue, no entanto, é o início de um processo de vinculação — a contenção e organização de ansiedades —, que é o efeito formal da compreensão interpretativa. O ato de interpretar oferece novas ideias para serem pensadas; mas, além do *conteúdo* que entrega, é também uma maneira de dar *forma* ao que foi revelado do inconsciente do paciente. Ao estruturar o caos, esse efeito formal é muito importante para o ego, que se preocupa acima de tudo não com o significado, mas com a organização.

Dito isso, se as interpretações não forem suficientemente corretas, o processo de vinculação não será bem-sucedido. Se o analisando for mal compreendido, isso poderá criar uma falsa organização que aumenta a ansiedade e a desconfiança da capacidade de acolhimento do analista. É por isso que enfatizei a necessidade de ser meticuloso na coleta dos detalhes do evento antes que se possa descobrir, pouco a pouco, os padrões de significado que são revelados por meio do processo de associação livre e indagação analítica posterior.

Em minha experiência, o evento precipitante constantemente encapsula a fragilidade inconsciente do paciente. Uma vez entendido, esse evento serve como um portal mental. Se o paciente está em análise há algum tempo, espera-se que haja bastantes fios conectantes, já familiares tanto ao analista quanto ao paciente, atravessando esse portal. Através das portas da percepção interna, esses fios vinculam o passado do paciente, suas circunstâncias presentes e a estrutura mental do *self*.

CAPÍTULO OITO
Tempo

Mais do que qualquer coisa, o paciente que entra em colapso precisa de *tempo*.

O colapso deve ter tempo para acontecer dentro de uma relação humana em que o outro está lá para ouvir o *self* e não fugir dele. Essa experiência é muito reconfortante para as partes da mente que estão em pânico. Mas, para conseguir isso, deve ficar claro que o psicanalista está preparado para se fazer presente o tempo que for necessário. Desistir não é uma opção.

Em uma sessão analítica convencional, com duração de quarenta e cinco ou cinquenta minutos, há uma fronteira espaço-temporal que constitui o *setting* analítico. Esse *setting* adquire um significado em si mesmo: tem estrutura, uma *forma* como a de um poema, uma composição musical ou um ritual. O que quer que seja dito ou encenado será revelado dentro da forma do *setting* e, assim, terá sido moldado por ela.

O analisando pode ficar em silêncio por alguns minutos ou conversar um pouco antes da sessão passar da realidade social para a psicanalítica. Agora, a fala do analisando é uma forma de escuta do *self*, pois o pensamento inconsciente chega pela práxis da associação livre. O analista mergulha no processo de escuta profunda e, de tempos em tempos, "capta o sentido do inconsciente do paciente com seu próprio inconsciente", descobrindo elos na cadeia de ideias, sentindo a lógica da experiência emocional ou discernindo o movimento de caráter na transferência.[1] Isso pode propiciar uma interpretação ou uma série de observações que, por sua vez, convida o analisando a responder. O par pode trabalhar um pouco nisso: há silêncios, a hora termina e ambos esperam até a próxima sessão, quando o mesmo processo ocorre de uma forma diferente, com conteúdos diferentes, mas dentro do mesmo *setting*.

Considerando a forma mais radical de tratamento que apresento aqui — a sessão de dia inteiro —, fica claro que, embora o meio ainda seja a psicanálise, o enquadre temporal é radicalmente alterado. Algumas horas depois, a forma familiar vai se dissolvendo; a lógica rítmica da sessão de quarenta e cinco minutos gradualmente dará lugar a um "ritmo" diferente. O tempo não é um fator tão rigoroso dentro da sessão. O analisando não está mais sob seus auspícios da mesma maneira. O ritmo que emerge, uma temporalidade desconhecida, será agora determinado pelo estado mental do analisando e pela verdade das necessidades internas.

---

[1] Freud S., "Two Encyclopedia Articles". In: *Standard Edition of the Complete Psychological Works of Sigmund Freud*, XVIII. London: Hogarth Press, 1923, pp. 233–59.

As questões complexas que agora emergem na consciência não podem ser totalmente articuladas dentro do tempo estipulado para uma sessão convencional. A passagem da regra do *setting* para as exigências do *après-coup* ou da necessidade do ego significa para o inconsciente que a psicanálise compreendeu a necessidade dessa reorientação temporária.

O analisando percebe que existe o tempo e o espaço necessários para que a deficiência do *self* seja escutada plenamente. Ele gradualmente sente uma diminuição da urgência, da pressão para falar o máximo possível. O tempo parece se abrir e o espaço mental expande sua capacidade de conter e processar a plenitude de conteúdos mentais e estados emocionais que vão se manifestar.

Isso permite interlúdios internos mais prolongados, períodos de intensa experiência interior, quando o analisando está absorto em pensamentos e sentimentos, completamente inconsciente da presença do analista. Horas podem passar com o paciente neste estado de mente.

Suponho, tanto pelo que observo quanto pela minha própria intuição que, paradoxalmente, em meio a tanto sofrimento, esses são tempos intimamente pacíficos, e muitos pacientes me disseram, mais tarde, que esses interlúdios foram a parte mais significativa de toda a experiência. Diziam que era algo semelhante a um sonho acordado, com visões ocasionais similares a alucinações ou memórias eidéticas, intercaladas com visões lúcidas passageiras de si próprios, de suas mães ou pais ou de sua vida. Sentiam-se dentro de um processo em movimento. Nunca lhes ocorreu falar enquanto estavam nele, nem esperavam que eu dissesse nada.

Quando ofereci essa análise extensa pela primeira vez, não tinha como saber quanto tempo a intervenção duraria. Na verdade, provavelmente, a maior surpresa para mim foi constatar a curta duração dessas crises. Descobri que, desde que se consiga segurar o analisando antes que ele caia, a fase grave do colapso acaba após uma brevidade impressionante. Nunca precisei continuar com sessões de um dia inteiro por mais de três dias.

Com o tempo, vim a saber que mesmo o colapso mais severo segue seu curso, geralmente ocorrendo em estágios claros, com começo, meio e fim. A sequência de eventos mentais que se desenrola parece ter algo a ver com o tempo do ego. Há uma sensação dentro do ego de que uma atividade foi desencadeada, com parâmetros e regras, um objetivo e um método para alcançá-lo. Assim como o ego é o criador inconsciente de padrões do *self*, também é o agente que percebe padrões na vida.

A manutenção da conexão com sua vida e futuro é uma dimensão curativa das pessoas em colapso.

O ego do bebê dá lugar ao ego da criança, que evolui para o ego do adolescente, que por sua vez se torna o ego do jovem e assim sucessivamente para todos os estágios posteriores de uma vida. É uma organização que, ao longo do tempo, desenvolve seu próprio sentido das tarefas que enfrenta no presente, estruturando os complexos psíquicos que são herdados do passado e vislumbrando as etapas por vir. Essa capacidade de sentir o futuro pode ser filogenética, parte do inconsciente coletivo ou do conhecimento configurado no cérebro.

Todos temos um investimento mental no futuro. Precisamos dele porque a vida é difícil. A experiência humana —

nossa passagem pela vida — é cheia de inesperados, imprevistos, para o melhor ou para o pior. O futuro não é apenas um momento imaginário, é um objetivo do ego: levar o *self* através do presente para o que quer que esteja por vir. Cada segundo de nossa existência realiza isso: tão logo o futuro é alcançado, ele é transformado em passado. O indivíduo sente que está em movimento na vida, e que isso é bom. O ego sente o tempo de vida do *self* como uma estrutura temporal.

Se, no início, tivesse dito a esses pacientes: "Esqueçam o futuro. Esqueçam suas vidas. Vamos ficar com isso, mesmo que leve anos", os pacientes teriam motivos reais para interpretar essa atitude, não como confiança, mas como onipotência, o que aumentaria sua ansiedade. Mais importante ainda, uma relação objetal curativa e crucial teria sido descartada. Tanto eu quanto meus pacientes sempre tivemos em mente que havia um mundo à espera deles, para o qual retornariam. Tinham a sensação de que o futuro seria um bom lugar para se estar nas próximas semanas, uma vez que tivessem elaborado os elementos do passado que os limitavam.

À medida que o ego aceita o colapso de suas defesas na análise, tanto a ansiedade de alarme quanto a ansiedade primária são aplacadas pelo processo psicanalítico. O ego desbloqueia as fontes de dor mental de modo que o *self* se inunda de verdades emocionais. Enquanto o analista indica sua apreciação das capacidades do ego, a pessoa pode ver que possui atributos e formas de lidar com a vida que são fontes de energia. Isso permite que o *self* e o ego operem sob um tipo de capacidade negativa que podemos chamar de *fé egoica*.

Compare isso com a situação do esquizofrênico. Uma das tragédias da esquizofrenia crônica é que apenas o funcionamento primitivo do núcleo egoico está em operação, e isso não é confiável. O passado é um sonho, e o *self* não quer lembrá-lo ou articulá-lo em palavras porque isso transforma o sonho em pesadelo. Tendo em vista que o futuro existe apenas como um buraco negro, o *self* tenta viver em um perpétuo presente de vigília: olhar para a TV, sentar-se em uma cadeira, andar por um corredor, defecar, urinar, comer... Tudo isso faz parte de uma eternidade. Em todas essas situações distintas, o *self* se comportará com a mesma mentalidade. O objetivo dele é apenas ser sem sofrer qualquer perturbação. A noite é aterradora, mas os medicamentos estão à espera e podem dopar o *self* para que não haja sonhos, sem despertar à noite para um mundo ausente.

Em comparação à tragédia da esquizofrenia, a pessoa que sofre um colapso é afortunada. Quando o psicanalista transmite que a terrível experiência presente é temporária e não durará mais do que algumas semanas, o ego do *self* pode começar a visualizar e mapear seu futuro. E, é claro, esse mapa mudará proporcionalmente às alterações nas suposições egoicas decorrentes das transformações conquistadas na análise.

CAPÍTULO NOVE
Experiência emocional

Quando alguém colapsa, o processo pode se desdobrar de dois modos.

Na maioria dos casos, há tempo para que o paciente e o analista comecem a estabelecer os vínculos históricos e a explorar o significado do evento precipitador antes que a força total do colapso se instale e crie uma situação de regressão profunda. Com o aumento do provimento analítico, o analisando se decompõe no colapso lentamente.

Todavia, em algumas ocasiões, a chegada repentina de uma emoção irresistivelmente poderosa antecipa a exploração da história recente e do passado a ser feita pelo par analítico. A meu ver, quando isso acontece, é provavelmente o indício de um surgimento de experiências que se originaram antes da linguagem. Isso significa que o *conhecido não pensado*, que está sendo lançado no aqui e agora, não pode ser historicizado, pelo menos não em um primeiro momento.

Aqui, deve-se respeitar a inteligência de apresentação do ego. Se o paciente começa com linguagem, reflexão, lembrança de eventos recentes e os liga ao passado, isso preparará o terreno para que as experiências emocionais armazenadas encontrem seu caminho para a expressão. Entretanto, se o paciente começa com as profundezas da experiência emocional, o analista deve aceitar esse fato e não tentar redirecionar o foco; por exemplo, insistindo em uma discussão do evento precipitante.

Devemos agora explorar mais a natureza da experiência emocional durante o colapso, mas, antes, é útil fazer algumas distinções.

Uma emoção não é um afeto.

Um afeto é um evento interno único, geralmente um estado mental-corporal, como ansiedade, júbilo, raiva ou medo.

Não há, na verdade, tal coisa como *uma* emoção; existem apenas "experiências emocionais", que serão condensações de muitos elementos internos. Uma experiência emocional é uma organização, muito análoga ao sonho.

Os teóricos do vínculo escreveram muito sobre os afetos e como eles aparecem na vida adulta. É um foco útil, mas é importante ter em mente suas limitações. A teoria do afeto descreve os estados do *self* de uma criança: satisfação, angústia, ansiedade, pânico, raiva e assim por diante. Enquanto a criança cresce, ela começa a desenvolver experiências emocionais mais complexas; aprende, por exemplo, que sua mãe não é apenas uma provedora de nutrição e cuidados corporais, ela também é uma pessoa com humores e hábitos. A criança, enfim, saberá que seu próprio ser também é uma variável flutuante.

Existem algumas experiências emocionais bastante previsíveis. Por exemplo, quando se aproxima da hora da refeição, o bebê vê a mãe preparando a comida, e isso desencadeia uma série de afetos, memórias, desejos e expectativas. Acontecimentos imprevistos singulares no que de outra forma seria rotina — um telefonema, uma dor de barriga, mamãe derrubando uma panela e xingando — inevitavelmente trarão contribuições aleatórias para a sequência de eventos. Tudo faz parte de uma relação cada vez mais sofisticada com o outro. Uma experiência emocional, na infância e em todas as fases posteriores da vida, é acima de tudo *uma experiência mobilizante*. Pode ser simples ou complexa, agradável ou desagradável, e muitas vezes será uma combinação disso tudo. Diferentemente dos afetos, as experiências emocionais não podem ser observadas. Talvez seja por isso que o conceito tende a ficar em segundo plano, influenciando de maneira sutil a teoria na psicanálise contemporânea. Nos últimos anos, os analistas se inclinaram cada vez mais para o que é evidente e observável, e isso é lamentável, uma vez que a mente humana não é nada disso, mas está repleta do que Hannah Arendt chamou de "os invisíveis".

Quando um paciente em colapso tem uma experiência emocional, ele imerge em um evento interno. Pode ser acompanhado por sinais externos, como risos, lágrimas, raiva, inquietação no divã ou padrões idiossincráticos de fala, mas só se manifestará em parte, seja em sua própria consciência ou para o outro. Com as emoções, ao contrário dos afetos, o que você vê não é o que você percebe.

De fato, uma experiência emocional é ainda mais difícil de compreender do que um sonho, tanto para o paciente quanto para o analista. Enquanto o sonho é um evento completo com recordações do passado, os constituintes da experiência emocional estão em constante movimento. Envolvem todas as categorias da vida inconsciente: estados corporais, sentidos corporais, memórias corporais, afetos, memórias recordadas, desejos, derivados instintuais, ideias, fantasias, intervenções do real, a sombra de momentos relacionais, axiomas liberados da organização do *self*, os *conhecidos não pensados* de nosso ser, a chegada de introjeções e assim por diante.

Quer cheguem de repente e sem aviso, ou depois que analista e paciente começarem a conectar eventos presentes e passados; em algum momento, as experiências emocionais, congeladas na psique são liberadas e se atualizam. A enorme força desse impacto é a coisa mais surpreendente que já testemunhei em meu trabalho clínico. Por mais relaxado que possa estar me sentindo, o momento em que o afeto diferido explode na sala é sempre impressionante. É o que era e agora é. Não precisa de comentários. A dor mental em razão do sofrimento do indivíduo é agora liberada por meio da memória, compreensão e experiência emocional evocada, e o analista tem apenas que estar lá, ouvindo e aprendendo.

Esses fenômenos geralmente atingem o ápice nas sessões de um dia inteiro, quando não são restritos pelo limite temporal. Parece impossível expressar essa intensidade em palavras, e estou ciente de que não fiz justiça a isso em meus exemplos clínicos. A experiência emocional é enormemente complexa, envolve toda uma gama de experiências internas e não pode ser simplificada em uma única ideia organizada. É mais como um sonho sem conteúdo manifesto, um poema sem palavras, o vento movendo-se através de uma paisagem e animando o mundo natural. Isso permite que a vida emocional do analisando se torne a força da cura.

Quando vêm desse núcleo de experiência profunda, as associações livres ou declarações lúcidas do analisando se alteram. O *self* que fala terá sido saturado em ondas prolongadas de emoção que nunca serão nomeadas em si mesmas, mas tudo o que for dito ao analista estará impregnado de significado.

Relembrando esse aspecto das sessões mais longas, alguns analisandos disseram que a fisicalidade da sala se tornou essencial para eles, como se estivessem banhados de luz e som. Poderiam ser essas lembranças da vida intrauterina, quando a luz e o som eram experimentados como fenômenos em si? Poderiam esses longos interlúdios privados, de alguma forma, proporcionar um renascimento do *self*, uma mudança experiencial na qual ele retorna às memórias conhecidas não pensadas da vida fetal e da primeira experiência infantil?

Assim como as memórias de sua história e muitas outras formas de reflexão, acredito que, no colapso, os analisandos experimentam os elementos básicos do ser humano, a essência de sua existência. Daí sua absorção no âmago do existir: som, luz, cor, cheiro e imagens.

Esses não são momentos propícios para *insights* contínuos, para a agitação do diálogo nem para a articulação das formações do caráter do *self* por meio da transferência ou da contratransferência. Na verdade, é como se essas características ordinárias da análise se tornassem meros apartes, à medida que o *self* se abre para a dimensão mais fundamental do *ser*.

Claro, há dor aqui. Dor elementar sobre a existência e o sofrimento endêmico ao ser humano. As pessoas choram, gritam, urram, debatem-se. Elas empregam todas as formas disponíveis para serem quem são. Podemos pensar nesses estados não como identificações projetivas, mas como *objetificações projetivas*. Nos momentos infernais de um colapso, há vezes em que o analisando parece se objetificar perguntando a algum deus por que eles são o que são. No entanto, nada é projetado que não seja mantido em comum entre todas as pessoas. O que é projetado é o elementar: a "coisidade" de ser um ser vivo.

Os longos silêncios que seguem tais intensidades talvez sejam reconhecimentos dessa coisidade primordial. Uma paciente disse que sentia que todos os aspectos de ser ela mesma estavam subindo, através dela, para sua mente; às vezes era como se estivesse em um teatro, vendo-se como um ser mutante, formando-se e transformando-se diante de seus sentidos.

Esses interlúdios experienciais podem ser seguidos por um retorno à angústia e ao ataque contra o *self* suscitado pelo colapso. Descrever isso como um ataque parece mais correto do que sugerir que as pessoas estejam simplesmente em conflito consigo mesmas. Quando os pacientes falam com o analista, muitas vezes há uma súplica implícita de ajuda para remover algo que os oprime, algo que carregaram por toda a vida. Agora, finalmente, está fora do *self*, eles podem vê-lo com mais clareza e, quando estremecem com o sofrimento que lhes impôs, querem auxílio para se livrar dele. Eles objetificam projetivamente o que significa estar nas formas humanas comuns do inferno.

Essas longas sessões parecem permitir uma distorção temporal paradoxal. As horas de silêncio são vivenciadas como breves, enquanto os acessos intervenientes de intensa angústia e catarse emocional, que duram na realidade apenas quinze ou vinte minutos, são vivenciados pelo paciente como se durassem horas.

CAPÍTULO DEZ
Reflexão, explicação e elaboração

Os estados reflexivos têm uma qualidade particular nessas sessões prolongadas. Claro que há mais tempo para que os pensamentos possam evoluir, mas é mais do que isso. As reflexões que ocorrem durante um colapso, após longos períodos de trabalho interno profundo e crises de dor intensa, não são simplesmente reflexivas, mas *integrativas*.

Certamente, toda reflexão pode contribuir para a integração. Examinando o *self*, olhamos para um espelho interno e descobrimos coisas que não tínhamos visto antes, que ampliam nossa autocompreensão e passam a fazer parte de nossa estrutura inconsciente. No entanto, parece que a reflexividade que acontece durante essas sessões estendidas amplia os potenciais perceptivos de uma maneira particular: ela permite visões mais amplas do *self* e penetrações mais profundas na história do *self*, mundo interior e estruturas objetais. Muito do que antes era inconsciente agora chega à consciência de modo que o indivíduo precisa de uma forma de percepção mais lenta para permitir um trabalho reflexivo mais lento e profundo.

Pense no sonho. É a realização do trabalho do sonho, notadamente, a partir do processo de condensação. No curso da psicanálise convencional, desvendar o significado de um sonho poderoso pode levar horas de associação livre durante um período de dias. Um colapso não é tão diferente de um sonho, pois a consciência e as habilidades executivas do *self* são dominadas pela emergência de um complexo paralisante de memórias, ideias, emoções e axiomas profundamente enigmáticos.

O sonho e o colapso são momentos altamente encriptados, eventos que demandam tempo para decodificar. Não é uma questão de intelecção, mas de imersão no material, a fim de que a mente possa elaborar as condensações codificadas por meio de um trabalho inconsciente adicional, mesclado com experiências e *insights* emocionais. Comparado ao sonho, porém, o enigma do colapso causa um sofrimento muito maior. Como o enigma da Esfinge, requer propriedades mentais de alto nível para decifrá-lo. O trabalho de compreensão é, portanto, simultâneo e coexistente com a recuperação da mente do *self*. Compreender o mistério é recuperar a sanidade.

Durante décadas, Freud acreditou que a neurose poderia ser curada se os conflitos inconscientes fossem tornados conscientes. Essa ideia pós-iluminista foi abandonada posteriormente quando ele descobriu que, mesmo que as muitas resistências pudessem ser superadas, esse processo em si não era necessariamente transformativo.

Parecia que a elucidação não bastava.

A atenção de Freud então se voltou para a transferência e para a noção de que, embora paciente e analista pudessem esclarecer um sintoma ou uma questão de caráter, ela precisava ser encenada na relação com o analista para que fosse totalmente analisada. O analista tornar-se-ia parte do problema antes que pudesse começar a fazer parte da cura. O evento da transferência deveria, então, ser traduzido em consciência, e a combinação da experiência e do pensamento tinha potencial transformativo.

No entanto, parece que a primeira ideia de Freud, de que a consciência expandida da origem do problema de uma pessoa a transformaria, pode ser verdadeira, mas apenas em circunstâncias muito especiais.

Até aqui, ao considerar a sequência de eventos no trabalho com uma pessoa em colapso, discutimos o papel do *setting* e do método analítico, o estabelecimento de um contrato entre paciente e analista e a qualidade particular e intensa da interação: os diálogos intermitentes e breves, os longos períodos de silêncio e a vivência emocional do paciente.

Agora chegamos à questão da explicação.

É obrigação do analista colocar, em termos lúcidos e memoráveis, as razões exatas pelas quais uma pessoa tem um colapso, e porque ela é do jeito que é em relação à sua história psíquica. Isso inclui uma descrição clara das defesas que ela tem empregado até agora.

Embora seja verdade dizer que essa é uma forma de interpretação, é mais precisamente uma *explicação*, uma *explanação* completa que permite ao analisando compreender conscientemente, e em linguagem clara, tudo o que está acontecendo. Como as pessoas, geralmente, estão muito desoladas nesse momento, e pode ser muito difícil para assimilarem as coisas, vez por outra lhes escrevi uma descrição de uma ou duas páginas da situação total.

Não tenho dúvida de que muitos de meus colegas não aprovam esse desvio da técnica padrão. Como eu poderia recorrer à escrita para apresentar uma explicação psicanalítica da relação entre história de vida e estado mental? É certo que tal compreensão deveria se desenvolver a partir de um processo de elaboração co-construtiva?

Qual é a minha premissa?

Durante um colapso, o paciente apresenta um relato inicial que se vinculará ao seu passado e evoca poderosas experiências emocionais. Mas, para que isso seja transformativo, o paciente precisa saber conscientemente como todos os elementos se encaixam em uma *gestalt*; precisa compreender como esses elementos são uma composição de sua vida. Desde que seja clara, concisa e *objetiva*, a explicação escrita constitui um *objeto lúcido* que será lido e digerido pelo analisando repetidas vezes. O analisando trará muitas variações temáticas para o texto, mas haverá uma coerência que ele valoriza mais, pois carrega dentro de si as verdades centrais de sua vida.

Por meio dessa repetição, o paciente pode parecer aprender algo de cor e não por reflexão. Mas, na verdade, a revisitação frequente da explicação mergulha o *self* na matriz de sua verdade psíquica. O passado, transformado na estrutura de sua história, foi vinculado ao evento que o cristalizou e estimulou o colapso. Isso permitiu que o afeto diferido, conexo aos eventos originais, fosse liberado e isso, por sua vez, informa emocionalmente os medos e angústias do presente. O *self* agora é instruído desde seu interior, e o que parecia pavoroso ou desintegrativo, agora é preenchido com um conhecimento emocional muito mais denso.

A consciência expandida funciona como um ato de transição, reunindo as muitas fontes de novidades inconscientes liberadas — experiências existenciais do passado recente e distante, movimento emocional, associações livres — em um objeto de pensamento lúcido que une os fios do inconsciente. A atividade de vinculação da forma narrativa permite que o analisando tenha um tipo diferente de conversação consigo mesmo, ele pode falar para si mesmo sobre como tudo isso faz sentido.

A explicação lúcida, então, objetifica o distúrbio central do *self* e torna-se um objeto mental transicional, auxiliando o desenvolvimento de sua nova estrutura psíquica. Durante o colapso, essa estrutura — uma nova maneira de perceber o *self* e o mundo — será mantida na consciência. Então, enquanto o paciente se recupera, a memória consciente e a compreensão das razões do colapso vão desaparecendo. Se o analista anotou a explicação, ela será perdida ou descartada. O que foi aprendido parecerá ter desaparecido, mas com o passar do tempo o analista percebe mudanças nos axiomas do pensar, ser e se relacionar do analisando. As explicações, anteriormente trazidas à consciência, mas agora esquecidas, tornaram-se parte da estrutura mental do *self* como pressupostos operacionais. Aconteceu uma comunicação transformativa entre o inconsciente e o *self* consciente.

Apresento alguns exemplos do que quero dizer com declarações lúcidas.

Clara teve um colapso depressivo depois de ser demitida do emprego. Seu chefe, Oswald, era um homem sádico e ninguém durava mais de um ano em seu posto, mesmo assim ela ficara arrasada. Todos os integrantes de sua família eram realizadores e todos os seus irmãos e irmãs eram muito bem-sucedidos. Com trinta e poucos anos, nunca estivera em um relacionamento porque "não tinha tempo". No início de nosso trabalho, ela era distante, mal-humorada, cética em relação à psicanálise e muito crítica comigo.

Depois de recompormos os elementos de sua infância, história e eventos recentes, ela fez uma transição de uma posição distante e arrogante para uma intensa tristeza, mesclada com angústia e choro prolongado. Eu fiz a seguinte declaração:

> Você está deprimida não só porque Oswald a demitiu, mas também porque sua faceta hostil e obstinada concordava com ele. Durante toda a sua vida você se identificou com a parte conquistadora da família e, como nem a mãe nem o pai tinham espaço para sentimentos ou intimidade — isso era para "perdedores" —, você depreciou suas próprias necessidades e vulnerabilidades. Quando os trouxe à tona em nosso trabalho, tornei-me o alvo da parte Oswald em você e experimentei como era estar no lado que recebe seu repúdio. Você sempre correu para se manter à frente daquela depressão que estava destinada a alcançá-la, porque suas conquistas externas nunca são suficientes para suprir suas necessidades emocionais.

Clara absorveu cada palavra. Nos dias que se seguiram, repeti essa explicação de muitas maneiras diferentes e ela falou sobre isso em detalhes:

— Como você sabia que minha família só pensa em conquistas?

— Você me disse.

— Eu disse?
— Sim.
— É engraçado, mas acho que não me lembro.
— Porque você não escuta a si mesma.
— Eu não me escuto?
— Você tem desprezo, como seus pais, por quem "diz" coisas. Apenas o "fazer" é valorizado. Então você admira o que realiza, mas não escuta o que diz.

Conversas breves como essa elucidavam a explicação. Era parte do "elaborar", que agora se tornava parte da intelecção do analisando. As perguntas de Clara eram verbalizações de axiomas potenciais que seriam internalizados durante esse processo de elaboração, então se tornariam parte de uma estrutura mental transformada, que mudaria a maneira como ela conduzia a vida. Antes que tal reestruturação pudesse ocorrer, no entanto, a paciente precisava "usar o objeto", trabalhar os temas embutidos na explicação e questionar todos os aspectos dela. Isso foi discutido e rediscutido muitas vezes, entre os longos períodos de silêncio que ocuparam cinco intensas semanas de análise estendida, antes que ela estivesse livre.

Outro exemplo.

Helen cresceu em uma família de pessoas acolhedoras, trabalhadoras e gentis, mas que evitavam qualquer conexão íntima que pudessem ter umas com as outras. Dos oito aos quatorze anos, ela foi mandada para um internato e recebia raras visitas de um dos pais. Passava os verões em casa com amigos da vizinhança, assistia à TV por muito tempo e a vida parecia ser boa o suficiente. Após a universidade, casou-se com Toby, com quem teve três filhos, e trabalhava como revisora no jornal local.

Apresentou-se como uma pessoa muito simpática e otimista. Tinha muitos amigos, principalmente por causa de seu envolvimento com uma igreja local movimentada, e achava que era "boa com as pessoas", porque muitas procuravam seus conselhos. Gostava de se ver como "uma *coach* sem credencial", mas evitava a autorreflexão e não tinha visão de si mesma nem interesse em seu passado. Com cinquenta e poucos anos, veio para a análise porque experimentava ataques de pânico que pareciam virem do nada. Quando ocorriam, mergulhava em depressão por dias a fio, perguntando-se qual era o problema consigo.

No primeiro ano da análise, Helen surpreendentemente não produziu nenhuma lembrança de seus primeiros dez anos de vida. As descrições de seus pais eram maçantes. Então, quando deixou escapar que sua mãe havia desaparecido por cerca de quinze meses quando ela tinha oito anos, foi realmente muito chocante.

— Ela desapareceu?
— Sim, eu acho que sim.
— Você não sabe?
— Não, eu sei. Ela desapareceu.

Após um silêncio de alguns minutos, Helen começou a me contar sobre um evento social planejado para aquela noite, um passeio da igreja para a semana seguinte e vários outros assuntos. Tínhamos dez minutos restantes na sessão.

— Sua mãe desapareceu de novo.
— Como assim?
— Ela deixou sua descrição sem avisar e sumiu quando você passou a falar sobre outras coisas.
— Ah... quer dizer... Eu te disse. Eu pensei, bem, é isso.
— Você pensou "é isso"?

— Sim, eu acho que sim.

— O que vem fácil, vai fácil...

— Ah, eu não sei. Não consigo me lembrar.

— Entendo, mas bem aqui e agora você estava se lembrando de um fato bastante surpreendente, sua mãe desapareceu por quinze meses, e depois ela abandonou a sessão.

— Eu deveria fazer diferente?

— Você sente que estou criticando você.

— Não, na verdade não. Mas estou ciente de que você parece bastante chocado.

— De fato, isso é verdade. Mas você não se permite ficar chocada.

Essa vinheta é típica das sessões que tivemos antes de seu colapso. Mesmo que alegasse não ter recordações, de repente, ela vinha com uma memória assombrosa.

Depois de três anos em análise, Toby a deixou. Ele tinha um caso havia dez anos, e quando Helen descobriu, todos já sabiam disso, exceto ela.

Ela ficou profundamente abalada, não tinha ideia de que ele estava infeliz e "nunca tinha previsto aquilo". O marido repetira várias vezes por que as coisas não funcionavam para ele no casamento, dizendo que sentia que ela vivia tão afastada dele que não conseguia mais suportar. No entanto, ela se recusava a aceitar a partida do marido e, certa de que poderia reconquistá-lo, começou a ensaiar cenas de reconciliação. Eles se encontrariam no mercado ou na igreja, ela cairia nos braços dele, eles voltariam a ficar juntos.

Helen estava em uma depressão agitada. Eu havia preparado um sistema de atendimento e ela me via duas vezes por dia em sessões de noventa minutos, sete dias por semana. Como ela não conseguia dormir, o psiquiatra prescreveu remédios para dormir. Seus ataques de pânico durante o dia eram muito severos, e concordamos que ela deveria ter Valium à mão, caso não conseguisse se acalmar.

Logo, as memórias começaram a inundar a análise, e ela ficou sobrecarregada. Entrava e saía de estados de ansiedade primária. Eu a ajudava a se recuperar dizendo que era completamente compreensível que estivesse tão angustiada, que ela dispunha de recursos maravilhosos e era corajosa, e que nós conseguiríamos passar por isso.

Em um estágio crucial de seu colapso, foi possível prover-lhe uma explicação lúcida. Eu disse:

> Você se esquivou de muitas coisas em sua vida. Concentrou-se em seu trabalho, nas crianças e em seus amigos na igreja, mas evitou qualquer coisa incômoda. Isso significou manter distância, não apenas de outras pessoas, mas de si própria também. Você tem medo de olhar para dentro de si porque, com todas as coisas acontecendo em sua família e todos os sentimentos dentro de você sobre se sentir exilada, você só poderia sobreviver, quando criança, não olhando para o que havia em você. Agora, quando está em uma situação extremamente dolorosa, você está tentando usar sua mente para deslocar a realidade.

Helen precisou de muitas repetições dessa explicação. No início, ela respondia com atitudes, confrontava o marido em seu local de trabalho, embelezada com uma roupa sexy, e implorava para que ele voltasse para ela. Na sessão seguinte, ela disse:

— Você concordaria que é possível que possamos voltar a ficar juntos, não é mesmo?

— Que sua mente pode fazer as coisas assim?

— Não, quer dizer, eu poderia tê-lo de volta se eu... Eu só sei que existem certas maneiras de fazer isso. Você concordaria com isso em princípio, não concordaria?

— Concordo que uma criança abandonada na escola tem que acreditar que deve haver uma maneira de escapar quando a realidade não muda.

— Mas só fazendo uma pergunta teórica, não sobre meu marido, você está dizendo que não há como trazer as pessoas de volta?

— Não, não estou dizendo isso.

— Então, você concorda que é possível.

— Na teoria, sim. Na realidade, na sua realidade, lamento dizer, mas não, não concordo. Esse é o meu sentimento, mas não tenho bola de cristal.

— Tudo bem, mas isso significa que ainda é possível que meu marido mude de ideia, então você está concordando comigo agora?

— Acho que você está tão ansiosa para que sua mente force a realidade a ser do jeito que você quer, que está tentando me coagir a consentir com seus desejos.

— Acho que não estou fazendo isso. Acho que estou apenas tentando deixar algo claro aqui, porque valorizo muito o que você diz.

— Acho que você está com muita dor e está me mostrando como acredita que sua mente pode inventar uma realidade.

— Mas essa é apenas a sua opinião, correto?

— Sim, é apenas a minha opinião.

— Você pode estar errado sobre isso.

— Sim, minha mente não cria a realidade mais do que a sua.

Por alguns dias, nossas conversas continuaram assim; às vezes, durante noventa minutos inteiros, e a agitação de Helen era intensa. Mas, depois de seis semanas de trabalho, a consistência da explicação passou a funcionar como um fenômeno psíquico transicional. Quando ela atuava, dizia: "Eu sei o que você vai dizer…". E eu respondia: "Você quer dizer, você sabe o que *você* vai dizer", e assim continuava. Nesse ponto, a explicação era simplesmente uma introjeção — eram minhas palavras, mas gradualmente se tornaram *conceitos* que Helen entendia como traduções precisas de seu presente e de seu passado. Eventualmente, eles se tornaram sua propriedade e, quando isso ocorreu, ela emergiu de seu colapso.

No final da análise, Helen relembrou o colapso como um evento poderoso e transformativo. A essa altura, sua compreensão das questões precisas havia desvanecido e se tornado comentários vagos sobre ser excessivamente apegada e ansiosa demais. O que estava em operação, no entanto, eram novas estruturas mentais. Ela olhava regularmente para seu mundo interior, relatava sonhos e pensava no que acontecia. Tinha menos amigos do que antes, pois a qualidade hipomaníaca de seus relacionamentos havia reduzido, mas suas amizades se aprofundaram à medida que se estabilizava mais.

Os tipos de conversas descritos acima podem não parecer muito com a análise convencional. No entanto, em tais situações, analista e paciente *estão* em trabalho e fazem isso de forma bastante consciente.

A obra do filósofo/psicólogo Radu Bogdan pode nos ajudar a entender como a psicanálise funciona nesse nível.[1] Ele apresenta uma teoria interessante — o "metamental" (sobre o mental) e a "reflexividade" (uma mente pensando sobre seus próprios pensamentos) — fundamentada no desenvolvimento, desde a infância até a idade adulta, das relações entre as mentes. Ele argumentaria que, ao envolver o paciente dessa forma, desenvolve-se nele a capacidade *inter*mental, o que leva, em última instância, ao aumento da habilidade *intra*mental.

Considero essa ideia uma maneira útil de ajudar a conceituar essas questões, e a maioria dos analistas provavelmente concordaria com isso, pelo menos em parte. No entanto, Bogdan ignora completamente a exigência feita à mente pelo sonho. Ao focalizar o sonho como o evento mental *Ur*, que promove associações e previsões, a teoria da reflexividade de Freud vai muito mais fundo do que a simples internalização de engajamentos mentais com os outros. Embora certos aspectos do trabalho que apresentei aqui possam ser descritos em termos bogdanianos, o cerne dessa forma de elaboração analítica é a ligação consistente do processo de pensamento consciente do analisando com sua vida inconsciente. Ao se relacionar com a mente do analista — desenvolvendo capacidades *intermentais* que se tornam estruturas *intramentais* —, o paciente também promove a relação entre consciência e inconsciência, entre duas maneiras diferentes de pensar que se influenciam. Essa atividade confere

---

[1] Raul J. Bogdan, *Minding Minds*. Cambridge, MA, Londres: MIT, 2000, p. 3.

à consciência um ímpeto relacional objetal que é faltante ou subutilizado na vida desses analisandos.

As trocas entre analista e analisando nesses momentos podem parecer simplesmente dialógicas, para exemplificar o comportamento externo. Na verdade, acho que são uma forma de iluminar a *experiência mental*. Embora seja, obviamente, impossível ler a mente de outra pessoa, esse tipo de diálogo se aproxima de um solilóquio teatral. Como aponta James Hirsh, o solilóquio nunca teve a intenção de ilustrar como falamos internamente, não falamos para nós mesmos dessa maneira.[2] Mas exemplifica algo sobre a vida mental.

As atividades *intermentais* exemplificadas acima permitem que os analisandos observem e experimentem *in situ* a maneira como pensam. Eles não ouvem tanto seus pensamentos quanto experienciam seu processo mental. Ao fazer isso, repetidamente, sua mentalidade torna-se suficientemente ativada para se transformar em um objeto de consideração perspectivista. Por sua vez, embora o analista possa introduzir ideias ou conteúdos específicos, mais importante é demonstrar a *forma* como a mente psicanalítica funciona, indicando um modo particular de pensar sobre o *self*. Isso gradualmente habilita o paciente a entender como sua mente funciona, quais padrões de pensamento o tipificam e como estes são mal direcionados em momentos cruciais.

Muito se fala da teoria da consciência nos dias de hoje, e muitas vezes é promovida involuntariamente a ilusão

---

[2] Hirsh J., *Shakespeare and the History of Soliloquies*. Madison and Teaneck, NJ: Fairleigh Dickinson University Press, 2003.

de que a consciência é autodeterminante. Na realidade, mesmo que estejamos focados em uma tarefa que parece limitada pela lógica de sua agenda, os elos entre os momentos de consciência são sempre inconscientes. Há, na melhor das hipóteses, um paralelo desconexo entre o fluxo de ideias conscientes e o pensamento inconsciente subjacente. O estudo detalhado do processo associativo livre mostra claramente que o fluxo de pensamentos conscientes é determinado inconscientemente.

Até os cientistas, os guardiões nomeados da objetividade, admitem que, embora possam seguir um caminho rigoroso de observação conscientemente determinada, o *momento eureca* — a chegada repentina do pensamento lúcido —, muitas vezes, atinge-os "do nada". Para todos os trabalhos da consciência, é o pensamento inconsciente que é a fonte e o guia da criatividade pessoal, e em todas as psicanálises há uma intimidade fascinante entre a consciência e o pensamento inconsciente.

Enfatizei o valor de fornecer um resumo lúcido que explique à pessoa por que ela está em estado de colapso e isso, muitas vezes, leva a uma série de discussões desafiadoras no domínio do que Bogdan chama de "relações intermentais". À proporção que os pensamentos são intercambiados, as mentes se exercitam e expandem, e o paciente, que anteriormente poderia ter refletido muito pouco sobre a vida, agora está usando ativamente o pensamento consciente.

Mesmo que os pensamentos do paciente pareçam orientados à defesa, carregados de desejos ou permanentemente repetitivos, se o analista os engajar nessa atividade *intermental*, então as bases estão estabelecidas para explicações substanciais e transformativas que serão estruturadas pelo paciente. É importante ressaltar, no entanto, que o paciente terá encontrado uma maneira de pensar seus pensamentos para si próprio, fundamentado em um procedimento dialético que permite à mente experienciar todas as suas realidades de uma forma muito dinâmica. A mente deles, então, se engajará tanto com outras mentes quanto com o mundo dos objetos. Ela também estará pronta para receber conteúdos mentais inconscientes e modos inconscientes de pensar, de modo que uma nova atividade *intramental* é engendrada; não entre dois conjuntos de pensamento conscientes conflitantes, mas entre consciente e inconsciente.

CAPÍTULO ONZE
Mudança psíquica

A lógica por trás do método que proponho está baseada na suposição de que, se um psicanalista ou um psicoterapeuta pode detectar quando os pacientes estão nos estágios iniciais de um colapso mental, é possível segurá-los antes que descompensem.

Sugiro que o colapso é uma necessidade psicológica imposta pela chegada de questões adiadas, de eventos vivenciados durante a infância do *self*, ou de uma desintegração em razão da fraqueza do ego. Embora essa ruptura possa ser um evento aterrorizante, tanto para os próprios pacientes quanto para seus amigos e familiares, o encontro com memórias extremamente significativas, estratégias mentais e emoções dolorosas do passado pode transformar a catástrofe iminente em um espaço potencial para uma mudança essencial.

Relembrando os casos de Emily, Anna e Mark, certos detalhes são evidentes no que diz respeito à mudança psíquica.

Com a chegada de fatos emocionais poderosos e anteriormente ocultos, vem uma comunicação quase direta dos traumas do *self* e das vulnerabilidades internas de longa data. Por necessidade, isso significa que uma pessoa em colapso regride, e muitas vezes isso se dá de forma alarmante. Anna perdeu a controle intestinal. O soluço de Mark era o uivo de um homem-bebê híbrido. A considerável força do *self* em colapso pode ser opressiva, a menos que o analista tenha tomado as devidas providências para manejar a situação.

A intensificação do sofrimento proporcionou à análise uma oportunidade incomum de ser eficaz graças à necessidade premente e aumentada de cuidados analíticos do paciente. A princípio, isso envolveu uma adaptação por parte do analista: aumento do número de sessões, sessões estendidas e uma equipe de pessoas dando-lhe suporte. Isso proporcionou um ambiente acolhedor que foi capaz tanto de atender às necessidades presentes do analisando quanto de fornecer um objeto diferente daquele que fazia parte da sua história psíquica inicial.

A mãe e o pai de Emily a abandonaram quando ela era uma criança pequena. A mãe de Anna não conseguia encontrar nela o tipo de filha que desejava, e elas desenvolveram uma relação fria que foi mitigada pela idealização do pai — algo em que ela continuou a apostar pelo resto de sua vida. A mãe de Mark era fraca e seu pai distante e, às vezes, cruel. Mas ele sabia que usava os fracassos de seus pais como lancetas para puni-los. Ele reagiu desenvolvendo um *self* isolado, estrategicamente voltado para a contracrueldade: ele bloquearia o outro de sua vida.

À medida que esses pacientes desmoronavam mentalmente, como resultado, em parte, das rejeições das pessoas que amavam, suas estratégias defensivas falhavam e eles voltavam aos traumas originais, os quais haviam criado uma falha básica em suas personalidades. Estou convencido de que anos de análise dessas defesas foram poupados porque a intensidade da crise foi atendida ali mesmo, seguida pela compreensão analítica de suas necessidades.

Emily colidiu contra mim com fúria, que enfrentei e vinculei à sua origem. Embora seu senso de *self* continuasse um tanto instável, ela emergiu como um indivíduo menos frio e rígido e mais emocionalmente conectado com outras pessoas. Quando Anna aceitou os cuidados, ela desmoronou, mas sua apurada habilidade intelectual permitiu que ela usasse minhas interpretações como objetos transformativos. A desolação de Mark era inédita em sua vida adulta; mas, embora seu mundo estivesse desabando ao seu redor, ele podia entender que este era um evento extremamente importante em sua vida. Transformar as cicatrizes cruas do passado em uma história emocionalmente coerente foi muito tranquilizante e integrativo. Partes díspares de sua personalidade se juntaram, e um homem cuja autocompreensão havia sido muito limitada, de repente, viu-se fazendo sentido para si mesmo.

Em cada caso, esses momentos transformativos mudaram axiomas que haviam sido fundamentais para a visão de mundo do paciente e para o posicionamento do *self*. Emily desistiu da hipótese de que, para sobreviver, era preciso criar uma ligação com um outro igualmente transtornado. Sua estrutura mental agora permitia que ela se libertasse de tais conexões e, por mais vulnerável que essa liberdade a fizesse se sentir, isso abria o *self* para experiências mais ricas na vida.

Anna abandonou o axioma de que o valor deveria ser encontrado no *self* apenas por meio da adoração do outro por suas realizações. Em seu lugar estava uma nova percepção de que ela nunca foi um ser ideal e que o reconhecimento de suas imperfeições era um alívio benigno. Isso trouxe empatia para si própria, mas para os outros também.

Mark viveu de acordo com o postulado do "olho por olho" como a resposta imediata a qualquer indício de rejeição, com isso, devia interditar a capacidade do *self* de amar. Isso o deixou com uma ilusão de poder e direção, mas que, na realidade, resultou em um universo emocional estreito e fechado. Quando descobriu que podia permitir que o amor permanecesse após a rejeição, isso lhe possibilitou conectar-se com a dor mental — há muito cindida — de amar mãe e pai.

Não é possível dizer quanto tempo o paciente levará para chegar a esse ponto. Talvez sem surpresa, os pacientes que receberam sessões durante todo o dia, de fato, mudaram de forma mais rápida e, de certa forma, mais profunda do que as pessoas com quem trabalhei com análise estendida por um longo período. Outras variáveis parecem ter algo a ver com a natureza da psicopatologia da pessoa, mesmo que isso nem sempre pareça ser o caso.

Se alguma coisa indica a taxa de recuperação, acho que pode ser a perspicácia com que li os sinais de colapso e a pertinência da estratégia escolhida. Mas também depende da capacidade de transformação do ego do analisando: a velocidade com que ele pode passar da defesa de um *self* ferido contra a compreensão (interpretada como uma ameaça à sua segurança) pela função transformacional da psicanálise do colapso que dissolve as defesas do ego, à descoberta de um caminho recém-forjado para o *self*.

Depois que o analisando se recupera do colapso, sobrevém uma coisa bastante curiosa... ou melhor, não sobrevém. O paciente parece quase não ter memória do que aconteceu, ou de onde estava durante esses intensos períodos. Sem dúvida, isso ocorre, em parte, porque a experiência não é explicável verbalmente, mas parece-me haver outro fator. É como se uma forma de amnésia protetora — como amnésia infantil — envolvesse o paciente, que então segue em frente na vida, transformado, mas como se o novo *self* sempre tivesse estado lá.

Não há defesa em torno desse estado de *self*, e não acho que seja porque a pessoa esqueceu que passou por experiências profundas. Isso se deve ao fato de que o processo que ocorreu, que entrou na consciência de várias formas, agora retornou à vida inconsciente e a uma nova organização do ego. O *self* consciente pode se lembrar de que colapsou, mas poucas lembranças permanecem das experiências emocionais que fizeram parte dessa notável superação psíquica.

Pode ter sido uma superação psíquica, mas é uma das experiências mais pungentes que alguém pode ter também. Uma vez que saem disso, as pessoas estão ansiosas para seguir em frente. Retomam a vida cotidiana, às vezes, hesitantes no início; mas, depois, com um engajamento resoluto. Instrutivo, transformativo e terrível, o colapso está agora no passado. Não deve ser guardado como um momento icônico.

A retomada do padrão anterior da análise — as horas habituais e a quantidade regular de tempo — é aceita com alívio, e nunca ouvi um paciente lamentar a perda da intensidade que ocorreu durante o colapso. Isso é um bom sinal, uma indicação de que "usou o objeto" e que, sob os auspícios do instinto de vida, pode abandoná-lo.

Quando o colapso mental é acolhido pela psicanálise, o *self* recebe um outro senciente, paciente, comprometido e compreensivo. Por aparecer em um momento de necessidade tão aguda, isso é profundamente curativo, tanto do presente quanto do passado.

CAPÍTULO DOZE
Conclusão

Nenhuma psicanálise é ordinária. Ao longo de sua carreira, o analista ficará impressionado com as maneiras notavelmente diferentes pelas quais as pessoas ocupam o espaço e usam o processo.

No entanto, existem constantes. Há o *setting* — quarenta e cinco minutos, entre quatro ou cinco vezes por semana, em um espaço consistente, ao longo de vários anos — e o processo — o paciente falando livremente sem buscar significado e o analista ouvindo livremente sem agenda consciente. A estrutura psicanalítica convencional será, em geral, mais do que adequada para lidar com as regressões e necessidades clínicas de um analisando com uma lenta atenuação das defesas e resistências do ego, permitindo que pressupostos arcaicos sejam mobilizados na transferência.

Este livro tem defendido, em certas situações, uma alteração no *setting* analítico, *mas não no processo*. A nova estrutura é implementada temporariamente a fim de ajudar o analisando em uma crise e, em seguida, permitir o retorno à confiabilidade do contrato comum.

Mesmo o analista mais experiente se sentirá ansioso quando confrontado com os tipos de situações aqui descritas. Essa ansiedade de alarme é um indicador psíquico vital, que naturalmente leva o psicanalista a considerar como as necessidades do paciente podem ser atendidas sob as circunstâncias clínicas alteradas. Alguns clínicos pensarão imediatamente em encaminhar o caso a um colega para agregar medicação, que terá como alvo o problema; e, com esperança, ter a condição excruciante do analisando aliviada. Outros providenciarão um período de hospitalização. No entanto, o leitor reconhecerá, a esta altura, que considero o colapso, no contexto de uma psicanálise, como um evento potencialmente transformativo, que pode levar a uma oportunidade de reconfiguração mental positiva se o analista simplesmente fornecer mais análise.

A meu ver, internar um analisando em colapso é um desastre psicológico. Embora possa aliviar seu estado mental tóxico a curto prazo, é semelhante a colocar os filhos em um orfanato porque não se é capaz de tomar conta deles. De fato, deparar-se com uma série de funcionários vestidos de branco em uma ala antisséptica é como renascer em um ambiente não humano. Se deseja que seu paciente evite o traumático *après-coup* de uma hospitalização, acredito que não há alternativa.

Se ele próprio assume essa tarefa, é responsabilidade do psicanalista explicar claramente por que defende mudanças no *setting*. Pode haver alguma resistência no início, e considero isso um importante indicador da força do ego, do desejo do analisando de permanecer em sua vida e usar seus meios tradicionais de lidar com o sofrimento. Mas os analisandos, em uma crise aguda, normalmente aceitam essas alterações quase de imediato, aproveitando a sessão adicional pelo tempo que for necessário para o colapso seguir seu curso.

Sempre recomendo que todo clínico que trabalhe dessa maneira organize uma equipe que dê suporte ao par analítico durante esse período desafiador. Mesmo que o psicanalista também seja psiquiatra, é importante que outro colega seja incluído no processo para se ter uma segunda perspectiva. A equipe ambulatorial reproduz o tipo de cuidado que normalmente seria prestado em um ambiente de internação, e minha experiência tem mostrado que o apoio dessa equipe faz sentido emocional e prático para o paciente, mesmo que ele mostre alguma relutância inicial em aceitar a oferta.

Claramente, nenhum clínico recém-formado deve realizar um trabalho desse tipo sem um supervisor experiente atuando como um clínico suplementar. Sem embargo, não recomendo que profissionais experientes procurem supervisão nesse momento. Uma vez que se incumba da missão, o analista deve ser guiado essencialmente pela lógica inerente das associações livres e usos transferenciais do analisando — vocabulário complexo demais para ser traduzido de modo satisfatório para *outro* supervisor. Por mais bem-intencionados que sejam, comentários de colegas sobre o que pensam que "realmente" está acontecendo são mais propensos a quebrar o contato inconsciente vital do analista com o paciente.

Em trinta e cinco anos trabalhando com pessoas à beira do colapso da maneira que descrevi, nunca precisei hospitalizar um paciente. Sem dúvida, é verdade que parte disso se deva à simples sorte, mas acredito que, de fato, isso nos diz algo sobre a eficácia dessa extensão da psicanálise. Se sentisse que o tratamento analítico intensificado não funcionava, não hesitaria em encaminhar um paciente para o hospital. Mas isso simplesmente nunca aconteceu.

Winnicott via o desmantelamento das defesas do falso *self* como um requisito para uma análise bem-sucedida e, portanto, via a regressão como meritória em si. Houve muitas situações clínicas em que seus analisandos se tornaram profundamente dependentes dele, desistindo do funcionamento de alto nível — trabalho, obrigações familiares e assim por diante — em prol da busca pela descoberta de senso de "realidade pessoal", ou o verdadeiro *self*.

No entanto, pode haver sérias armadilhas se a pessoa priorizar esse senso de realidade pessoal sobre a capacidade de viver no mundo externo. Embora Winnicott (assim como Balint, Khan, Coltart e outros) possa ter sido especialista em lidar com a regressão comum à dependência, acredito que promover um estado de dependência profunda e primitiva do analista é imprudente e contraproducente.

Durante todo o meu trabalho com um paciente em colapso, discuto sua saúde egoica: suas competências em sua vida profissional, sucessos em seus relacionamentos, os pontos fortes de seu idioma e assim por diante. Faço-o porque a crise fará com que perca de vista os seus "recursos" e, se essa situação se mantiver, o analisando pode se perder numa regressão maligna. O colapso torna-se, então, o ponto de partida para uma debilitação permanente.

Referir-se aos seus "recursos" é como manter um amigo imaginário na sala. Esse companheiro é o ser saudável e vital do *self*. Se não se perde isso de vista e se alude a ele com frequência, esse ser vital se transforma no objeto central da dependência. Uma vez que o analista se incumbe de manejar o *setting* e organizar o ambiente acolhedor, ele é investido projetivamente com a presença residual de uma figura materna e paterna de profunda magnitude. Mas nunca deve assumir esses papéis *às custas* da saúde do ego do paciente. É crucial para todos os analisandos — seja no tratamento ordinário ou na análise intensificada — estarem conscientes e dependentes de seus próprios "recursos" em vez de renunciarem à criatividade do *self* e depender dos cuidados do psicanalista.

Winnicott, sem dúvida, discordaria de minha ênfase nas características positivas do repertório adaptativo do paciente. Muitos analistas contemporâneos também não concordariam comigo. Embora a interpretação de resistências, defesas, comunicações transferenciais e fantasias inconscientes seja *de rigueur*, há muito pouco na literatura sobre a responsabilidade do analista em dar atenção direta aos "recursos" do ego do analisando, quer como caráter, quer como um ser relacional ou como um trabalhador.

É claro que os lados destrutivos de qualquer pessoa podem invejar os atributos positivos do *self*, caso em que o ódio ao analista pode se intensificar se estes forem destacados. Alguns pacientes vão acusar o analista de ser insincero ou de tentar "ludibriá-los". No entanto, essas reações parecem ser menos frequentes quando os pacientes estão em estado de colapso do que na análise comum. Quando um indivíduo se sente desprovido e abandonado pelo *self*, há um alívio palpável quando tais vínculos são estabelecidos com os aspectos saudáveis, e isso se torna uma forma valiosa de relação objetal entre as partes afetadas e as generativas do *self*.

O relacionamento mais significativo que qualquer um de nós tem é com nosso próprio *self*. Por mais difícil que seja conceituar essa tese, acho que William James e Herbert Meade chegaram muito perto disso ao discutir a relação entre o "eu" e o *me*.[1] Quando uma pessoa está em colapso é como se o *me* estivesse perdido, ou como se não houvesse como falar com ele ou representá-lo. Ao descrever os aspectos positivos do *self*, o analista dirige-se diretamente ao *me* do *self*, mesmo quando o paciente perdeu contato com ele ou dele se afastou por decepção ou ódio.

Devo salientar que a metodologia explorada neste livro não pretende ser um convite à totalidade dos analisandos. A esmagadora maioria de meus pacientes nunca teve conhecimento de que eu oferecia sessões estendidas ou psicanálise intensificada, e essa é uma das razões pelas quais, até agora, não discuti nem escrevi sobre isso na Inglaterra. Certamente, não recomendo que os clínicos interessados nessa extensão da análise a ofereçam como uma opção a colegas ou pacientes.

Isso me leva a outra questão importante: o que fazer com o analisando que solicita, na verdade talvez exija, uma análise intensificada? De tempos em tempos, o analista encontrará uma pessoa que se satisfaz com a ideia de

---

[1] G. H. Meade foi um filósofo pragmatista americano, pertencente, assim como William James, à escola de Chicago. A abordagem de Meade — e de outros filósofos — foi denominada "interacionismo simbólico". Com isso, Meade propunha o desenvolvimento do *I* e do *me*, em que o *me* é o nosso "*self* social", e o *I* é nossa resposta para o *me*. *Me* é um generalizado "outro", isto é, tudo o que aprendemos por meio das integrações com o outro. [N.T.]

sessões extras e, de fato, pode agir de maneiras que pareçam justificá-las. Abordei alguns aspectos dessa questão em meu livro *Hysteria*, e não vou repetir aqui, em detalhes, as razões pelas quais não atenderia a tal exigência. Devo enfatizar, no entanto, que o objetivo do trabalho aqui apresentado é ajudar uma pessoa a passar do colapso à superação psíquica, e não ser cúmplice de uma encenação para a mobilização dramática do mundo interior do *self*, como uma forma de manipulação.

Há, portanto, certos indivíduos para os quais eu não recomendaria uma análise extensa: em particular, qualquer um que se apresente como um histérico maligno, que experimentará a regressão como um fim prazeroso em si mesmo. Também seria preciso pensar cuidadosamente sobre sessões estendidas com pacientes paranoicos e *borderline* graves. Acho que o diferencial aqui é o grau em que um colapso iminente está abrindo essa pessoa para partes de sua personalidade que foram seladas por meio de defesas limítrofes ou paranoicas.

Algumas das questões que, sem dúvida, surgiram na mente dos leitores serão abordadas no próximo capítulo, que foi reservado para as perguntas mais frequentes.

CAPÍTULO TREZE
Perguntas por Sacha Bollas

SB Uma de suas premissas é que essas sessões prolongadas consistem simplesmente na extensão de uma análise comum, mas essa não é uma experiência analítica "comum". Então, você pode esclarecer o que quer dizer com isso?

CB Não há mudança no modo como o analista escuta o analisando. Ele segue atendendo à lógica das associações livres, dos movimentos do caráter e de todos os outros aspectos de uma análise corriqueira. De fato, tornar comum a sessão estendida é essencial para que o analista permaneça um objeto com a mesma constância que tinha antes dessa alteração do *setting*.

SB Mas quando você inclui psiquiatra, assistente social, motorista, isso é certamente um desvio *radical* do que se chamaria de uma análise comum, não é?

CB Compreendo que pode parecer um desvio radical da prática convencional. No entanto, para o paciente que vivencia o colapso, essas mudanças não são experienciadas como radicais, mas como adaptações essenciais. Se o paciente achar muito drástico, é muito provável que o analista tenha falhado na avaliação da situação.

SB Não existem mais equipes de assistência social na Inglaterra como existiam na década de 1970, e há muitos países onde a sua proposta não seria possível por várias razões. Você vê outras maneiras por meio das quais a equipe de suporte como a que você reunia poderia realizar esse trabalho nos dias de hoje?

CB A presença de um psiquiatra para respaldar a dupla analítica é muito importante. É verdade que não temos serviços sociais no Reino Unido da mesma forma que tínhamos — uma situação muito triste —, mas a gestão das coisas agora recai na esfera cada vez maior dos psiquiatras. Se eles determinarem que outros devem estar envolvidos nesse processo — como membros da família, amigos ou, por exemplo, uma enfermeira —, então eles assumirão uma função de coordenação.

SB Voltando às questões de técnica. Muitas pessoas argumentariam que não é nada psicanalítico que um psicanalista comunique qualquer investimento singular para tornar as coisas melhores para o paciente. Você escreveu em outro lugar que o objetivo da psicanálise é a associação livre, mas aqui parece que você manipula as balizas. Você não mais simplesmente analisa seu paciente, mas responde de uma maneira que indica sua intenção de ser solícito. Isso não muda o papel do analista?

CB Isso anuncia ao analisando que os analistas são treinados para acompanhar um paciente durante um colapso, assim como somos treinados para trabalhar com pessoas com tendências suicidas ou que têm uma atuação obsessiva, e assim por diante. Talvez os colapsos não ocorram durante a maioria das análises; mas, ainda assim, são bastante comuns. Acho que, vez ou outra, os analistas de todo o mundo fazem ajustes em sua técnica usual e consideram esses momentos como desvios padrão.

SB Então você fala em manter uma atitude analítica mesmo em circunstâncias cambiantes?

CB Sim, é isso mesmo. Na verdade, quando as várias "escolas" de análise apresentam o que consideram novas técnicas, acho que muitas delas são, na realidade, ajustes às tarefas clínicas particulares. Por exemplo, as abordagens técnicas do transtorno de personalidade narcisista oferecidas por Heinz Kohut e Otto Kernberg podem parecer irreconciliáveis, mas ambas podem ser aplicáveis ao analisando em momentos diferentes no curso de uma análise. Acho que a técnica winnicottiana é válida para a personalidade esquizoide, a kleiniana para o *borderline*, a lacaniana para o obsessivo e assim por diante.

SB Sua avaliação de quando alguém experencia um estado potencial de colapso pode consistir em uma percepção bastante individual? Outros profissionais da área poderiam não ver da mesma maneira?

CB Bem, na Inglaterra, e acho que na Europa, em geral, há pouca discordância sobre as indicações de um colapso iminente em nossos analisandos. Há uma diminuição notável na capacidade do paciente de executar as tarefas comuns da vida, e isso é acompanhado por um aumento evidente em sua sensação de desamparo e de angústia, esta em níveis drasticamente elevados. As camadas de ansiedade e depressão obviamente tomam conta do paciente, e isso logo o leva a uma depressão clínica ou agitada, bem como a ataques de pânico agudos, distúrbios do sono e assim por diante. A observação dessas mudanças fará soar o sinal de alarme em qualquer analista.

SB No entanto, poder-se-ia objetar, com certeza, que a abordagem clínica que você descreve é uma característica extremamente pessoal de seu trabalho, que pode não ser utilizável por outros — e impossível de ser ensinada.

CB Não acredito que outros analistas e terapeutas bem-treinados sejam incapazes de trabalhar dessa forma. A questão que tentei abordar é que muitos clínicos não sabem o que fazer quando veem pacientes nesse estado. Eles podem pensar que continuar com a análise cinco vezes por semana será suficiente para o analisando superar a crise. Mas, ao longo dos anos, convenci-me de que isso não é verdade. Muitos desses pacientes são hospitalizados. Portanto, apenas sugiro que, diante desse acontecimento, qualquer clínico deverá considerar uma abordagem psicanalítica intensificada ao invés de outras intervenções, tais como medicação ou hospitalização, as quais interromperiam o processo analítico e não forneceriam o que eles precisam.

SB Você afirma que um clínico recém-formado poderia fazer isso? Você não acha que esse tipo de mudança radical na técnica requer muitos anos de experiência?

CB Isso depende inteiramente de cada analista. Aliás, a experiência pode levar à calcificação mental, e não tenho certeza de que isso possa contribuir para ajudar essas pessoas. Embora, em um capítulo anterior, eu tenha indicado que, a princípio, não é preciso ser um clínico altamente experiente para trabalhar assim, claramente um iniciante pode se beneficiar da supervisão e, certamente, do trabalho colaborativo. Todo clínico recém-formado deve, normalmente, ter supervisão em tais situações, a menos que sinta que isso interferiria nas comunicações inconscientes do paciente com ele. Mas todos os clínicos precisam de uma equipe de pessoas ou de um psiquiatra altamente competente para fornecer apoio para esse tipo de trabalho. Eu tinha apenas trinta e três anos quando trabalhei com Emily, mas já havia me preparado para essa eventualidade montando uma equipe. Por essa razão, senti-me acolhido e um pouco seguro de que, pelo menos, sabia o que fazer se a análise estendida não funcionasse. Isso não me deixou confiante, mas dissipou aqueles tipos de ansiedade no analista que podem interferir no trabalho com pessoas em colapso. Consequentemente, se um analista mais jovem tem um paciente frágil e propenso a entrar em colapso, parece-me sensato que ele crie uma equipe de apoio, reflita sobre qual extensão de tempo provavelmente atenderá às necessidades do paciente e certifique-se de estar lá antes que o paciente entre em colapso.

SB Então você não acha que a experiência é um fator crucial?

CB Acho que a experiência é importante, mas me oponho à noção de que analistas e terapeutas na casa dos trinta sejam inexperientes. São adultos, bem-educados e com experiência de vida.

SB Você diz que, embora suas sessões de um dia inteiro tenham durado apenas três dias, *na sua cabeça* você está preparado para continuar trabalhando dessa maneira pelo tempo que for necessário. Você pode falar mais sobre isso?

CB A meu ver, preciso estar livre de qualquer pressão para "realizar o trabalho" em um determinado tempo. Eu só consigo funcionar dessa forma. Então digo a mim mesmo e a meu paciente que trabalharemos até superarmos a crise. Eu deixo claro para o analisando que não vou desistir a menos que seu colapso exceda a minha capacidade, bem como daqueles com quem trabalho, de ajudá-lo nessa situação difícil. No início, não sabia por quanto tempo precisaria continuar com as sessões estendidas, mas descobri, para minha grande surpresa e alívio, que não demorava tanto. Acho que é porque a necessidade do paciente funciona tanto no nível simbólico quanto no real. O que ele precisa é do compromisso simbólico com um período de trabalho *potencialmente* indefinido.

SB Você se refere ao seu trabalho como psicanálise, mas alguns desses pacientes claramente fizeram psicoterapia uma ou duas vezes por semana. Isso afeta sua abordagem quando eles estão colapsando?

CB Não. Um colapso tem sua própria lógica e, em minha perspectiva, demandas clínicas próprias e especiais. Desde que se esteja preparado para prover sessões de análise suficientes, minha experiência é de que isso se mostrará eficaz, mesmo que o paciente tenha estado anteriormente em análise ou em terapia não intensiva.

SB Parece haver uma ironia aqui: nestes dias de soluções instantâneas prometidas pela TCC, TCD e por aí vai, você pode ser visto como alguém que faz exatamente isso.

CB Bem, isso seria realmente irônico, mas existem diferenças fundamentais de perspectiva. Em termos gerais, a visão freudiana é que um sintoma ou distúrbio de caráter é *significativo*. Por mais doloroso que seja, o significado inconsciente — residente no sintoma, no traço de caráter afetado ou em distúrbios afetivos como a depressão — demanda tempo para ser compreendido. A TCC e outras formas de tratamento breve são, no fundo, análogos cognitivistas à medicação. Elas visam poupar o *self* dos efeitos da dimensão humana sobre a consciência. A abordagem psicanalítica certamente visa, em última instância, aliviar a dor psíquica, mas não em detrimento do sentido. No momento do colapso, há um avanço quase avassalador de sentimentos, memórias e pensamentos muito significantes. O que descobri é que o colapso expressa seu próprio processo lógico. Se o acompanhamos, a crise passa e o paciente emerge transformado. É como se, uma vez que a pessoa se sinta acolhida e ouvida de modo seguro pelo outro, ela pudesse se autorizar a ter a experiência emocional plena que ela mesma mantinha em suspenso. As verdades, contra as quais o analisando forjara defesas, estão agora livres para preenchê-lo de maneiras altamente sobredeterminadas. A complexidade do ser humano se apresenta e supera as defesas anteriores. É semelhante a um poderoso evento natural. No entanto, assim que isso termina, essa saturação com o significado consciente desaparece. A pessoa retoma sua rotina e geralmente tem poucas lembranças do colapso.

SB Você é muito crítico da TCC e da TCD, sugerindo que se forem empregadas com pacientes à beira de um colapso, isso simplesmente selaria as fissuras. Você acha que essas formas cada vez mais populares de tratamento são falsas curas?

CB Estou certo de que, usadas em certas circunstâncias, elas têm um efeito útil. Se você for a seminários ou ler manuais sobre o assunto, verá que eles são, na verdade, tratamentos sensatos de autoajuda. O curso da terapia é iniciado por um clínico, mas o paciente recebe "dever de casa", então recorre-se ao paradigma professor-aluno que, tenho certeza, pode ajudar algumas pessoas. Acho que a popularidade desse tipo de tratamento se deve à volta ao insólito, isto é, a sensação de que isso *deve* estar certo porque tem professor e tem lição de casa, de modo que as pessoas possam sair do mundo adulto e voltar à escola. Abordagens implicitamente regressivas como essa — que simplificam as complexidades da vida adulta — sempre terão um apelo. Mas os tratamentos de curto prazo de uma pessoa com uma falha básica em sua personalidade não tratam das questões mais profundas, e acho que o entusiasmo atual por esses tratamentos, por questões econômicas, pode ser perigoso.

SB Entretanto, pode-se argumentar que você, com efeito, emprega técnicas semelhantes à TCC. Por exemplo, você dá a alguns pacientes uma descrição escrita de sua dinâmica básica. Isso não é uma espécie de dever de casa? Você não utiliza as habilidades cognitivas do paciente para se concentrar em um documento educacional destinado a promover mudanças?

CB Acho que, de certa forma, a TCC, a TCD etc. ocuparam o vácuo deixado pela psicanálise. Fui treinado em psicoterapia de curto prazo ou focal, em Boston, por Peter Sifneos; e, em Londres, por David Malan. Aprendi muito com eles sobre como se concentrar em uma dinâmica básica, por que se deve ser lúcido e como e por que se deve ater a uma explicação dinâmica do que acontecia. Meu primeiro psicanalista em Berkeley também trabalhava dessa maneira, talvez inconscientemente. Ele era muito claro no que dizia e repetia interpretações centrais que eram memoráveis. Eu me pegava lembrando-as e usando-as ao longo da semana. Se este livro, em parte, restituir aos psicanalistas o direito a atos de lucidez, de foco na psicodinâmica central, então vejo isso como algo bom. E sim, *há* algo do paradigma professor-aluno na psicanálise. Só que, aqui, ambos estudam produções inconscientes do analisando, e este é mais um tipo de parceria para fazer face a um enigma dinâmico.

SB Mas você não encaminharia um paciente em colapso para TCC?

CB Não, de maneira alguma. Seria como dizer a uma pessoa com um grave transtorno de personalidade que ela se beneficiaria se fizesse um curso de bom senso. Pode ter alguma utilidade, mas não resolve a situação subjacente, e seu tempo terá sido gasto com falsas esperanças. Algo muito parecido aconteceu durante os dias dourados do Tratamento Baseado em Evidências (TBE), que atraiu centenas de milhares de pessoas para sua práxis, consumiu décadas das vidas dessas pessoas, mas não transformou suas personalidades. A meu ver, essas técnicas não podem atingir profundamente o âmago dos pacientes e ajudá-los com problemas mais profundos.

SB Este livro é baseado em sua experiência pessoal com um pequeno número de pacientes. Na era da pesquisa baseada em evidências, que tipo de prova você pode apresentar para a eficácia de sua abordagem?

CB Estou bem ciente do fascínio de *marketing* do termo "baseado em evidências". É a arma tradicional das ciências sociais contra as humanidades, os cientistas sociais ficam exasperados porque podemos aprender mais sobre os seres humanos a partir do exemplo individual — do *Hamlet*, de Shakespeare, digamos — do que de toda a história de suas contribuições cuidadosamente quantificadas. O método de Freud era baseado no humanismo. Estudaria um único caso — Dora, por exemplo —, e do particular chegaria a conclusões universais. Suas amostras quase nunca são científicas, mas é aí que reside sua força. O caso Dora é um objeto único e compartilhado que qualquer um pode ler, criticar e avaliar por si só, de inúmeros pontos de vista. As ciências sociais seguem um caminho diferente: acumulam dados, testam hipóteses, reúnem resultados e publicam evidências.

O problema é que, como esse método restringe severamente a gama de variáveis possíveis, ele deve ser extremamente limitado, acaba examinando e provando pontos minuciosos que beiram a insignificância. Isso é categoricamente diferente da psicanálise. Seria como tentar comparar dois romances contando seus respectivos números de vírgulas, dois pontos e pontos de interrogação. Talvez seja uma informação interessante, mas aborda a essência dos romances? A TCC não tem nada a ver com psicodinâmica. Não pretende explorar a mente. Ela simplesmente oferece correções de curto prazo para os sintomas.

SB Ainda assim, as pessoas que leem seu trabalho são quase que convidadas a uma experiência de leitura baseada na fé, não é isso?

CB Não peço crença aos meus leitores. Este livro é o resultado da experiência de vida de um psicanalista. Ele é apresentado na esperança de que outras pessoas possam querer explorar por si mesmas a premissa de que a psicanálise pode permitir que uma pessoa converta um colapso em uma reconfiguração psíquica positiva. Como esse trabalho será usado e divulgado no futuro, não fará parte da minha experiência. Poderia ter sido conveniente ter permanecido em silêncio diante do que acredito ter descoberto — dificilmente este livro vai me angariar o apreço de meus colegas —, mas acho que não tenho escolha a não ser divulgá-lo e deixar que os outros, com o tempo, vejam o que deve ser feito.

SB Você enfatiza o cuidado que colocou na formação de sua equipe e o fato de ser aceito (mesmo que temporariamente resistido) pelos pacientes, mas raramente discute os aspectos transferenciais da mudança de *setting*. Não sugiro que você não trabalhe com a transferência, você claramente faz isso, mas sua provisão do que é de fato um tratamento gratuito — prolongar as horas, às vezes, até viajar para ver o paciente — certamente deve ter enormes implicações sobre a visão que o analisando tem de você.

CB Não se o paciente estiver em um colapso. Vamos imaginar que você está, por lazer, nadando no mar. Passa um veleiro cheio de pessoas simpáticas que jogam uma escada e o convidam a se juntar a elas. Isso é, por assim dizer, um ato de sedução, e ficará claro para a pessoa que aceita o gesto que está participando de um momento envolvente. Se, no entanto, você estiver no mar, afogando-se, e um salva-vidas chegar e lhe jogar um colete salva-vidas, você o pegará como um ato instintivo porque isso salvará sua vida.

SB Mas, certamente, ser salvo traz uma enorme dimensão transferencial? Você é um salvador!

CB Não, eu sou um profissional. Um salva-vidas pode salvar a vida de uma pessoa, mas foi treinado para isso. É o seu trabalho. Se fizer o que deve fazer, ele será eficiente. A pessoa que está se afogando pode se sentir eternamente grata a esse salva-vidas, mas não escapará de sua mente que é para isso que existem os salva-vidas.

SB Então você faz questão de deixar claro que se trata de um ato profissional e não uma característica idiossincrática da sua relação afetiva com o paciente?

CB Exato. Regularmente, também faço referências a mim mesmo na terceira pessoa — "seu analista pensa" ou mesmo "seu empregado" — precisamente para manter viva essa noção. É uma relação profissional. Fui contratado por essa pessoa para trabalhar com ela, e meu trabalho é analisá-la. Às vezes, me refiro a mim mesmo como um terceiro objeto desde o início e ao longo da análise, esteja eu lidando com uma pessoa em colapso ou não. Além disso, é bom ter em mente que me proponho como um integrante de um grupo de pessoas que estão prontas para ajudar o paciente.

SB Você acha que os pacientes ficam surpresos quando você anuncia o novo contrato?

CB Não. Eu não mencionei isso e deveria. Quando proponho a mudança de *setting*, sempre peço à pessoa que está em análise, quando ela chega, para se sentar ao invés de se deitar. Se o paciente estiver em psicoterapia, começarei dizendo que eu mesmo gostaria de iniciar a sessão. Assim, de qualquer forma, forneço-lhe uma ansiedade de alarme, o que significa que agora lido com as funções de nível superior de seu ego, porque isso é exigido pela tarefa à frente. Como se está prestes a propor uma mudança no trabalho, acho que o paciente precisa retomar a postura pré-analítica para que, simbolicamente, possa se dirigir ao seu *self* adulto.

SB Isso não é, de certa forma, chocante para eles?

CB Só se você avaliou mal a situação. Lembre-se de que, se a pessoa está em colapso, o *setting* já está em processo de transformação. Você tenta, nesse momento, fornecer um novo *setting*, um que seja mais adequado ao grau de descompensação mental que se apresenta a você.

SB Então, o colapso do paciente é a ação definitiva que determina isso?

CB Sim, está claro que precisa haver uma abordagem diferente por parte do analista. Muitos analisandos realmente pensam que estão prestes a ir para o hospital, especialmente porque, muitas vezes, familiares ou amigos falam sobre isso. A última coisa que antecipam é que o analista irá sugerir uma intensificação da análise.

SB Isso é explícito? Você e o paciente discutem sobre o hospital?

CB Não. Muito raramente. Discuto as novas diretrizes e nos concentramos no novo *setting* temporário.

SB Então é comunicado que isso é temporário?

CB Com certeza. O contorno temporal é uma parte muito importante. Ao indicar que esta é apenas uma alteração temporária da análise, até o momento em que o paciente passar pelo colapso e se recuperar, ajuda-se a pessoa a sentir que a vida cotidiana retornará.

SB Você sente claramente que o colapso é um momento potencialmente transformativo, seja ele negativo ou positivo?

CB Sim, muito. Na verdade, é um momento de grande promessa. Um colapso é a ação diferida mais poderosa da vida de uma pessoa. Traz consigo uma combinação muito intensa de vulnerabilidade, desejo de ajuda e vontade de cooperar em uma nova aliança terapêutica, ao mesmo tempo que há uma diminuição significativa de defesas e resistências, um alto grau de especificidade inconsciente em relação ao problema central e uma nova valorização da historicidade. O *self* é inundado por sequelas de experiências emocionais e você está diante de um evento com enorme potencial terapêutico.

SB Você distingue entre duas origens distintas de colapso no paciente não psicótico. Argumentando a partir de uma perspectiva freudiana clássica, você diz que existe uma forma de fragilidade mental resultante da fraqueza do ego, que se constitui dos desafios intrínsecos colocados a todos os bebês e crianças, quando a mente é insuficientemente desenvolvida para lidar com a força dos instintos e das dificuldades da vida cotidiana. A outra situação está mais alinhada a Ferenczi, Balint, Winnicott e outros, para quem o colapso decorre de falhas no relacionamento inicial do *self* com os outros. Que diferença o psicanalista vê, se houver alguma, entre esses dois caminhos muito diferentes para o colapso?

CB A pessoa que sofre um *après-coup* que se origina nos pais ou outras falhas ambientais precoces, geralmente terá organizado, em sua narrativa histórica, uma sensação de como foi decepcionada quando criança. Ela demonstra isso na transferência, que reencena aspectos desse fracasso precoce da cultura parental. Dessa forma, o analista terá evidências suficientes da análise da transferência, da contratransferência e das associações livres que lhe permitirão localizar o problema no âmbito do real; *ou seja*, do *self* para o outro. O outro tipo de paciente, aquele que é inerentemente frágil e autolimitado, não trará memórias distintas do fracasso do *self* pelas figuras parentais. Na verdade, eles podem gostar muito de seus pais, que podem continuar sendo de grande ajuda para eles, e nenhum trauma tão precoce será reencenado na transferência. Em vez disso, o analista se verá testemunha de uma guerra predominantemente interna acontecendo entre as pulsões e a mente do *self*; *ou seja*, de *self* para *self*. Esses pacientes revelam estruturas mentais baseadas em axiomas psicodinâmicos particulares que levaram a defesas autodepreciativas. Nesse caso, o *après-coup* é o trauma da chegada da dor mental em razão das questões estruturais de longa data.

SB Esses dois tipos de pessoas se apresentam de forma diferente de outras maneiras?

CB As pessoas que são psiconeuróticas (que sofrem de guerras fundamentalmente internas), geralmente, têm a sensação de que há algo de errado com elas, que são a causa de suas próprias dificuldades. Não é algo passado para elas do outro. Essas pessoas, geralmente, estão muito convictas de que não podem aceitar a generosidade, o amor ou o interesse do outro, porque se sentiriam muito internamente perturbadas. Portanto, elas devem recusar o outro, mesmo sabendo que a aceitação de tais convites seria generativa. Mostram ao analista que a batalha é interna:

por exemplo, entre pulsões sexuais e agressivas ou entre a ameaça de castração e as ambições do desejo. Ou pode ser entre o superego — que investiram com grande energia — e o *self* — que veem como uma precária encarnação mortal da imperfeição. As pessoas envolvidas em conflitos psiconeuróticos tão intensos têm pouco tempo para os outros e, quando crianças, podem ter causado muito sofrimento aos pais amorosos, que simplesmente não podiam alcançá-los, muito menos ajudá-los a resolver seus problemas.

SB Em ambos os casos, no entanto, um colapso é uma ação diferida?

CB O *après-coup* psiconeurótico chega à análise quando o *self* redescobre a incapacidade da mente de lidar com suas forças. A energia das pulsões é somada à energia do superego produzindo formas tóxicas de culpa, ansiedade e depressão, que podem ser avassaladoras. O analista pode ter que funcionar, por algum tempo, como um ego auxiliar, permitindo que essa pessoa lide, antes de tudo, com o trauma de ter uma mente. Por outro lado, para o *self* de caráter desorganizado, o *après-coup* é a chegada da dor mental derivada dos choques do *self* com o real, mas isso não significa necessariamente choques com os pais. Conforme discutido, um único pequeno evento no real pode ter um efeito profundamente distorcido sobre o *self* de uma pessoa e enviesar o caráter para uma determinada direção.

SB Você diria, então, que com os dois tipos de personalidade em colapso você está, ao estender as sessões, sendo um ego auxiliar?

CB Sim, penso que sim. Paula Heimann, minha primeira supervisora, costumava defender essa tese com frequência. Quando lhe perguntei por que era tão interpretativa, sustentava que, ao fazer uma interpretação, desempenhava uma função de ego auxiliar. Era preciso reconhecer que as pessoas em análise, de fato, colapsavam, porque isso fazia parte do efeito da análise. Destina-se a intensificar os conflitos no *self*, de modo que, pela elucidação, elas possam ser submetidas à transformação terapêutica. Assim, o analista tinha a responsabilidade ética de intervir e ajudar o paciente, conversando com ele sobre a situação em que se encontrava.

SB Isso parece quase como se a cura pela fala fosse realizada pelo analista!

CB Sim, e em alguns aspectos, em certos momentos, isso é absolutamente verdade. Durante alguns colapsos, o analista pode, no geral, falar mais do que o paciente, especialmente quando traduz estados de sentimento em palavras. Estes podem ser estados de sentimento no paciente, entre paciente e analista ou no analista. Por outro lado, um paciente, referindo-se ao nosso trabalho, disse que achava que a psicanálise não deveria ser chamada de cura pela fala, mas "cura pela escuta", o que acho mais interessante e bastante preciso.

SB Suponho que alguns desses pacientes estiveram, antes, em psicoterapia infantil. Você já trabalhou com pessoas em colapso que fizeram terapia quando crianças? Em caso afirmativo, como isso afeta o resultado?

CB Já trabalhei com pessoas que fizeram terapia infantil e, mais tarde, tiveram um colapso. De modo geral, acho que, se atendidos por um psicanalista na adolescência, isso pode fazer uma diferença importante para a aliança de trabalho na análise de adultos. Como a adolescência é uma representação de questões edipianas e pré-edipianas, se o paciente se lembra de ter se sentido ajudado pelo analista antes, isso o beneficiará ao entrar em colapso quando adulto. E como a adolescência é sua própria forma de colapso, o analisando já vivenciou uma espécie de ensaio para o problema real, para colapsar mais tarde na vida.

SB Em um trabalho anterior, você escreveu que, quando interpreta, alguns pacientes parecem não o ouvir em um nível consciente, mas que a interpretação ainda parece servir como um catalisador para o pensamento intenso e criativo por parte deles. Esse é um recurso no trabalho com pessoas que estão em colapso?

CB Sim. Explicações lúcidas, por mais breves que sejam, são como devaneios falados para o paciente. Eles podem não prestar atenção particularmente ao conteúdo — na verdade, pode ser totalmente esquecido —, mas os comentários muitas vezes parecem inspirar seus pensamentos a seguir uma nova direção.

SB Como você vê isso?

CB É uma forma de comunicação inconsciente entre o analisando e o analista, como se o comentário do analista fosse uma matriz verbal dentro da qual o paciente pudesse imaginar algo completamente diferente. É, no sentido estrito de Winnicott, uma forma de brincar. Ao "brincar" na análise, Winnicott não queria dizer que o par analítico literalmente jogava, mas que as interpretações do analista e as respostas do paciente eram, em si mesmas, uma forma de jogo. A interpretação lúcida, seguida pela atividade intermental, evoca a *natureza* da experiência mental do paciente, e isso é vital para a compreensão de sua mente. Como o leitor terá visto, nesses pontos eu tendo a desafiar os axiomas mentais do analisando, e o analisando se beneficia desses encontros mentalmente envolventes com o analista. A intenção é apresentar outra perspectiva que flexibilize a capacidade do paciente de se engajar na autorreflexividade generativa. Este será um período temporário no trabalho — às vezes apenas um ou dois dias — antes que essa atividade consciente intensa diminua e seja esquecida, dando lugar a novos axiomas inconscientes que refletem o trabalho realizado.

SB Qual é o aspecto mais mutativo das sessões estendidas?

CB É o tempo psicanalítico. O tempo habitualmente estabelecido para a sessão psicanalítica é adequado à realidade social — pode ser facilmente encaixado na jornada de trabalho —, mas não é determinado pelo ritmo do processo psicanalítico e não é, a meu ver, muito adequado para a natureza da vida inconsciente. Ao estender uma sessão para noventa minutos, acho que o analista adapta o *setting* às possibilidades do inconsciente. E se a sessão dura um dia inteiro, então as realidades sociais dos dois participantes são postas de lado em prol do tempo psicanalítico. O que tem sido surpreendente para mim, e para meus pacientes, é como essa adaptação parece natural. É como se estivéssemos simplesmente dando ao inconsciente o que ele precisa para fazer seu trabalho dentro da experiência psicanalítica.

SB Então você está dizendo que o *setting* psicanalítico convencional não é adequado para a plena viabilidade da experiência psicanalítica?

CB Provavelmente sim. Mas temos que conviver com essa limitação. Ao longo de minha carreira, senti inúmeras vezes que uma sessão havia terminado cedo demais e que o analisando precisava de mais tempo para ter acesso mais profundo ao seu inconsciente. É simplesmente impraticável ter sessões tão extensas regularmente; mas, desse modo, talvez não consigamos perceber o real potencial da psicanálise.

SB Você já sugeriu sessões estendidas a um analisando que não estava em colapso?

CB Sob certas circunstâncias, acho que alguns analistas fornecerão sessões de noventa minutos ou duplas. Por exemplo, se um paciente está viajando e só pode ter um breve período de análise; ou, às vezes, ao trabalhar com uma pessoa que está muito perturbada desde o início, posso vê-la por noventa minutos. E, para as consultas iniciais, sempre ofereço uma sessão de noventa minutos, ou mesmo várias sessões, antes de fazer uma recomendação.

SB Você já trabalhou, por um dia inteiro, com alguém que não estava em um colapso, simplesmente para ver se você poderia ter maior acesso à sua vida inconsciente?

CB Não. Sou intrinsecamente cuidadoso e não gostaria de estabelecer isso como um precedente. Obviamente não se poderia sustentar esse tipo de trabalho e, se fosse oferecido no início, então seria experimentado como o *setting*, o axioma da análise. Eu não vejo como você poderia sair daí para sessões ordinárias depois. Além disso, é importante enfatizar que as sessões de um dia inteiro só tiveram os resultados obtidos devido ao período anterior de análise e ao fato de o paciente estar em colapso e, portanto, em um estado de espírito profundamente comunicativo.

SB Voltando ao tempo psicanalítico, essa é a única dimensão mutativa das transformações que ocorrem nessas análises? Você discutiu o papel da consciência e do trabalho intermental. O que mais você acrescentaria?

CB Existem muitos outros aspectos, é claro. No colapso, o inconsciente é mais aberto, mais específico, e há também um desejo urgente de fazer com que o *self* retorne a um estado livre de dor mental. Dois passados se integram — o evento causante imediato e a densidade do passado do *self* —, e isso desvela a estrutura do colapso do *self*. A lógica do colapso é revelada e pode ser explicada. Uma *história* que une os dois passados é criada. O processo de juntar essas peças do quebra-cabeça promove uma reestruturação para a chegada de afetos suprimidos, que agora emergem como uma experiência emocional plena e poderosa. Assim, temos um inconsciente que contribui mais profundamente. Histórias que revelam a lógica do colapso e constituem uma nova *gestalt*. O *self* se transforma: seu padrão de ser e se relacionar anterior muda para um novo padrão. O antigo padrão nunca fora entendido, era egodistônico, a causa de grande dor mental, embora possa ter provido ganhos secundários, como prazeres masoquistas. Agora, o *self* tem uma necessidade intensa de mudança, e essa mudança motivacional inconsciente se sobrepõe às resistências e certas defesas. À medida que a nova estrutura se desenvolve por meio do trabalho analítico, ela funciona inicialmente como uma estrutura psíquica de transição, que é psicológica. Ela faz sentido para a pessoa. Esse sentido recém-descoberto é libertador, é um alívio e, aos poucos, torna-se parte da personalidade do indivíduo.

SB De quanta mudança estamos falando? Certamente você não acha que toda a personalidade é afetada, não é mesmo?

CB Claro que não. Apenas os fatores que contribuíam para a fraqueza do ego ou fragilidade mental, as causas da ruptura. Depois, quando a pessoa retornar à análise comum, ela poderá trabalhar outras questões. Se forem psiconeuróticos, então o colapso e a transformação terão sido muito significativos como medida de mudança psíquica. Se eles estiverem mais perturbados, com um sério distúrbio de personalidade, isso será apenas parcialmente o caso e será necessário muito mais trabalho.

SB Se, por um momento, imaginarmos que sua abordagem pudesse se tornar uma prática padrão, como isso poderia ser apresentado aos analisandos e ao público?

CB Você entende que vejo isso como um esforço da imaginação. Não prevejo que meus colegas concordem, na maior parte, com o que proponho. Eu não recomendaria que os analistas discutissem essa ideia no início de uma análise, embora suponha que, se o paciente já tivesse ouvido falar, isso poderia ser confirmado como uma medida a ser usada em circunstâncias especiais. Sem dúvida, isso teria um certo significado para o paciente, e precisaria ser analisado.

SB Você e David Sundelson escreveram um livro sobre confidencialidade, *The New Informants*, no qual defendem uma política de *non-compliance* para com qualquer um que busque informações sobre seus pacientes. Como você concilia essas visões com o uso de uma equipe?

CB Em *The New Informants* argumentamos que a confidencialidade era mantida não apenas pelo psicanalista, mas também pela profissão. Isso permite que um analista converse com outros analistas sobre o paciente. Com as pessoas em colapso, falo do paciente com os demais profissionais envolvidos, mas apenas para pedir ajuda. Não discuto o paciente ou o que está acontecendo na análise em detalhes, e menciono seus nomes somente após receber permissão para fazê-lo.

SB Mas certamente deve haver pressão de seus colegas para que você lhes conte o que está acontecendo que justifica tais intervenções?

CB Sim, isso é verdade. Posso afirmar algo objetivo, que o paciente está em uma "depressão agitada", por exemplo, porque gostaria que o psiquiatra soubesse da situação. A única dificuldade real que tive com isso foi nos Estados

Unidos, quando um paciente estava em terapia de casal. Nos Estados Unidos, os terapeutas conjugais consideram uma prática normal conversar com colegas psicanalistas que estão trabalhando com um ou outro parceiro no relacionamento. Embora eles tenham "consentimento informado" para fazê-lo, e mesmo que protejam a confidencialidade em outros aspectos, não me sinto confortável com essa maneira de clinicar. Acho que, na medida do possível, tudo o que se descobre sobre o paciente deve vir do paciente e não de qualquer outra fonte.

SB Você parece bastante certo de que seus colegas analistas não aprovarão este livro, mas não é bem possível que mais pessoas do que você imagina lancem mão de práticas similares?

CB Eu sei que os analistas, de fato, às vezes provêm sessões mais longas e sessões adicionais. Escrevi este livro para relatar minha experiência particular nessa área, especificamente para que a psicanálise estendida seja considerada uma forma alternativa de tratamento para pessoas que estão entrando em colapso.

SB Você sabe de mais alguém que tenha trabalhado com um paciente o dia todo, por vários dias seguidos?

CB Não, eu não sei. Mas os analistas podem não estar confiantes em relatar seus trabalhos por causa das ortodoxias dominantes. Pode ser que isso tenha acontecido e que as pessoas tenham tido sucesso clínico, mas simplesmente não o tenham relatado.

SB Você escreveu que não concorda com aspectos da técnica de Winnicott, que ele encorajava muita dependência de si mesmo na transferência, e você enfatiza a necessidade de apoiar a saúde egoica do paciente e tentar manter o paciente funcionando na realidade. Você poderia falar mais sobre isso?

CB Penso que Winnicott foi longe demais. Embora eu saiba de muitas pessoas que ele ajudou muito, elas eram, para começo de conversa, bem-organizadas, para que pudessem passar por uma experiência winnicottiana e sair melhor dela. Mas ele encorajava os pacientes a colapsar por colapsar e, em alguns casos, acho que ele estava preparado para considerar como algo enobrecedor que uma pessoa tivesse encontrado seu próprio senso de realidade pessoal interior, mesmo que isso significasse que virtualmente arruinaria sua vida. É como se ele visse o colapso como uma espécie de idílio romântico; dois seres neoplatônicos habitando um lugar rarefeito, com o mundo urbano e a realidade externa muito distantes. Acho que o colapso é uma tragédia, mas quando chega — e deve chegar até você, você não pode forçá-lo como fez Winnicott —, pode ser transformativo. O analista deve saber tanto silenciar e receber as comunicações inconscientes quanto entrar na linguagem e na história do paciente com comentários lúcidos que analisem o significado do colapso. Em outras palavras, devem ser capazes de operar tanto na ordem materna quanto na paterna.

SB Você dá grande importância ao conhecimento inconsciente do analisando.

CB O *self* escuta seu inconsciente, como ler um livro ou alguém ler para você, é profundamente informativo. É claro que o analista também precisa escutar o analisando. Eles então se beneficiam do acúmulo de conhecimento no "depósito de ideias" a que Freud se refere.

SB Então, entender os conteúdos da mente é importante para trabalhar nessa área?

CB É crucial, uma vez que esses conteúdos são a história cristalizada da doença do *self*: a história das questões mentais e dos conflitos que levaram a pessoa ao colapso. Eu quero que eles ouçam a si próprios primeiro, antes que me ouçam. Quero que eles aprendam com seus próprios *selves* inconscientes o que eles sabem. Se for possível ajudá-los a chegar a esse conhecimento, a verdade os libertará.

SB Como essa ênfase na livre associação funciona, na prática, quando uma pessoa está em colapso?

CB A essa altura, com sorte, o analisando terá desenvolvido suficiente consideração por suas sequências de pensamento, de modo que, mesmo em meio a grande angústia e sofrimento, quando um padrão aflorar, a cadeia de ideias funcionará quase como uma revelação.

SB Em *A questão infinita*, você discutiu a pulsão questionadora. Você sugeriu que tanto nos sonhos quanto na narrativa de uma sessão, a pessoa faz perguntas e então, muitas vezes inconscientemente, fornece respostas que são profundamente relevantes para o *self* e que levam a outras perguntas. Quando alguém está em colapso, o analista representa alguma função inconsciente especial naquele momento?

CB Para os franceses, o inconsciente assume a função da mãe. É uma forma de relação objetal intrassubjetiva. Acredito que o *self* se volta para o *inconsciente-mãe* no colapso, e os pensamentos que emergem são profundamente prescientes e valiosos. Em alguns aspectos, acho que nesse momento o analista, na transferência, representa tanto a chegada da *mãe como sustentadora* quanto da mente. É como se o *self* voltasse ao ser de onde a mente se originou.

SB Você escreveu sobre "*selves* colapsados", pessoas cujos colapsos anteriores não foram adequadamente manejados por um terapeuta. Esse não é um termo comum, e imagino que você possa falar um pouco mais sobre isso.

CB Penso que muitas pessoas tiveram um colapso em algum momento. Ninguém estava lá para recebê-lo, elas se recuperaram do evento, mas foi perdido para elas e não houve uma inovação psíquica. Além disso, o dano causado a uma pessoa em consequência de tal fracasso fica inscrito em seu ser para o resto da vida. Mesmo que tenha evitado um colapso psicótico, essa pessoa não pode esconder a sensação de ter sido profundamente frustrada em seu momento de crise. Isso é mais comum, provavelmente, quando alguém é rejeitado em uma relação amorosa. A rejeição por um objeto de amor é horrível. E, muitas vezes, o *self* fica desnorteado, relutante em assumir outras atividades a esse respeito, e pode viver no que John Steiner chama de "retiro psíquico" pelo resto de suas vidas. Isso pode parecer depressão crônica ou uma espécie de amargura de baixa intensidade, mas persistente.

SB Você não coloca, então, uma etiqueta de diagnóstico nisso? Você parece dar a entender que, seja qual for o diagnóstico, se a pessoa não teve um colapso anterior, ela está melhor do que outra com um diagnóstico semelhante que o tenha tido. Isso ocorre porque o primeiro colapso provavelmente causou uma "impermeabilização" do *self*, levando a um novo tipo de isolamento.

CB Sim, você colocou isso bem. Há uma nova camada de defesa, baseada na suposição de se ter sido desamparado pelo outro, e se isso for uma parte significativa de sua história inicial, essa convicção apenas aumentará.

SB Mas, presumivelmente, elas ainda podem ser acolhidas em análise ou terapia?

CB Isso depende do paciente. Alguns estão tão frustrados que entram em um impasse com o analista. Tudo o que podem fazer é projetar seu sentimento de desespero na análise, forçando o analista a repetir seu fado. Outros pacientes podem ser persuadidos a sair de seu retiro psíquico de volta a alguma catexia do mundo objetal. Aqui, essa distinção entre as pulsões de vida e de morte é muito importante. Aqueles que estão predominantemente sob influência da pulsão de morte dificilmente serão amparados. Aqueles que ainda têm a vida correndo nas veias podem registrar progressos.

SB Você mencionou que houve pacientes com os quais falhou no início de sua carreira por não agir mais cedo para ajudá-los enquanto eles estavam colapsando. Isso pode dar a impressão de que, em algum momento posterior, você aperfeiçoou sua técnica e não teve mais dificuldades. Por exemplo, você diz que nenhum paciente precisou de internação. Você está afirmando que não cometeu mais nenhum erro?

CB Não, claro que não. Eu não acerto sempre. Por exemplo, houve várias ocasiões em que ofereci sessões estendidas a pessoas que provavelmente poderiam ter conseguido lidar com a crise em uma análise convencional. Certa vez, também ofereci sessões de um dia inteiro a um paciente para quem, em retrospecto, sessões estendidas provavelmente teriam funcionado muito melhor. Ele não ficou incomodado com a tentativa, mas depois de um dia eu lhe disse que achava que deveríamos voltar a um *setting* menos intensivo. Foi importante nos dar conta de que fomos capazes de analisar por que eu achava que ele precisava de um trabalho mais intensivo.

SB Então, você submeteu sua recomendação à análise?

CB Sim, claro. Mas espero que todos os clínicos, às vezes, analisem a análise. Cometemos muitos erros, e estes devem ser analisados para que o processo funcione.

SB Existem outros problemas comuns?

CB Uma situação complexa é o paciente que está em um casamento falido ou pernicioso, e cujo parceiro desempenha um papel central no colapso do paciente. Se a pessoa ainda estiver morando com o parceiro, acho que três sessões de um dia inteiro não darão resultado. No máximo, deve-se ver o paciente cinco vezes por semana, com aumento da intervenção psiquiátrica se necessário.

SB O leitor pode se perguntar por que você esperou cerca de trinta anos para dar uma palestra sobre essa maneira de trabalhar. Durante esse tempo, muitos de seus colegas em Londres sabiam que você oferecia sessões de um dia inteiro aos seus pacientes?

CB Nenhum dos meus colegas sabia. Nos primeiros vinte anos, simplesmente fiz esses ajustes quando pareciam necessários, pelas razões explicadas no livro, mas era uma parte tão pequena da minha prática que não dei muita atenção a isso. Mas eu também estava ciente, é claro, de que seria ou poderia ser controverso e queria ganhar mais experiência com isso antes de compartilhá-lo com outras pessoas.

SB Seria interessante saber mais sobre os efeitos que essa forma de trabalhar tem em você, como analista. Vamos falar sobre concentração. Como você se prepara para uma sessão de um dia inteiro?

CB De manhã, demoro bastante tempo — mais ou menos uma hora —, antes que o paciente chegue, para preparar o ambiente. Acho isso estranhamente reconfortante. Se eu estiver em uma suíte de hotel, em uma cidade estrangeira, vou posicionar o divã com minha cadeira atrás dele, fora de vista, então isso envolve arrastar móveis. Também coloco as garrafas de água em uma mesa lateral, à vista do paciente. E então, por cerca de meia hora antes da sessão, apenas me sento na minha cadeira e relaxo antes de ir para a sala de espera para cumprimentar o paciente. Eu acho que o que eu faço deve ser uma forma de meditação ou calmante do *self*.

SB Você não acha a perspectiva bastante intimidadora?

CB Não, não mais. Não há necessidade de se sentir ansioso porque confio no processo e no grupo de pessoas com quem trabalho com o paciente.

SB Mas *o dia todo*? Como é se sentar em uma sala com um paciente das nove às seis?

CB Curiosamente é muito satisfatório. Pode parecer estranho, mas há algo sobre a hora do dia — literalmente — que faz parte da estrutura desse processo. Começa-se com a luz da manhã e os sons da manhã. Há algo muito otimista sobre a manhã; até mesmo a pessoa em colapso, de modo geral, sente isso. Então, o sol começa a se levantar pela manhã e, ao meio-dia, há um período intermediário de algumas horas que é mais relaxante, e isso penetra a sessão. Então, por volta das três ou quatro da tarde, há a sensação de que se vai perdendo o ímpeto. O crepúsculo nos leva a uma atmosfera diferente.

SB Quantas pausas você faz?

CB Eu só tiro a hora do almoço. Fora isso, me ponho na poltrona o tempo todo. Embora o paciente faça pausas, eu nunca faço. Não sei o motivo, mas talvez seja porque toda a experiência, do começo ao fim, é profundamente meditativa, e não tenho vontade de me mexer.

SB Então, a pergunta final. Se você tivesse que resumir este livro, talvez apresentá-lo a um clínico recém-formado, o que você diria?

CB Confie no método psicanalítico. Monte sua própria equipe de profissionais para ajudá-lo e certifique-se de segurar o paciente antes que ele caia em uma descompensação. Simplesmente estenda a quantidade de encontros analíticos e certifique-se de que está sendo claro sobre o acordo e os detalhes da extensão. Se não funcionar, o psiquiatra assumirá a responsabilidade clínica e você saberá que fez o melhor que pôde para atender às necessidades de seu paciente.

REFERÊNCIAS BIBLIOGRÁFICAS

BALINT, M. *The Basic Fault*. London: Tavistock, 1968.

BOLLAS, C. *Forces of Destiny*. London: Free Association Books, 1989.

___. *Being a Character*. New York: Hill & Wang, 1992.

___. *Cracking Up*. New York: Hill & Wang, 1995.

___. *The Freudian Moment*. London: Karnac, 2007.

___. *The Christopher Bollas Reader*. London: Routledge, 2011.

BOLLAS, C.; SUNDELSON, D. *The New Informants*. New York: Aronson, 1995.

FREUD, S. "Two Encyclopedia Articles". *In*: FREUD, Sigmund. *Standard Edition of the Complete Psychological Works of Sigmund Freud*. XVIII. London: Hogarth Press, 1923. pp. 233–59.

KUBIE, L. S. *The Riggs Story*. New York: Harper & Brothers, 1960.

PHILLIPS, A. *Equals*. London: Faber & Faber, 2002.

ROSENFELD, H. *Impasse and Interpretation*. London: Tavistock, 1987.

STEINER, J. *Psychic Retreats*. London: Routledge, 1993.

ÍNDICE REMISSIVO

A
abandono senso de, 181, 107–09, 164–65; *ver também* rejeição
acolhimento psicanalítico, 16, 88, 94
adolescentes 56, 60, 126
afeto definição de, 130; despertado pela franqueza do analista, 98; do *self* colapsado, 44; diferido, 140; perda de, 60; teorias do, 130–31
agressão generativa, 98
água provisão de, 86–87, 94, 96–97, 106–07, 103, 111, 198
ambiente acolhedor 27, 67–68, 72, 84, 93, 154, 163
amigos assistência dos, durante o tratamento, 92; colapso precipitado por briga com, 58, 87, 95, 100; desejo de agradar, 55; reação à terapia estendida do analisando, 71; recorrendo (para obter ajuda), 60; relacionamento melhorado com, 148
amor como gatilho para o colapso, 103–12; interpretação como forma de, 87; leva a revelações de segredos e rejeição, 117–18, 193–94
amnésia protetiva, 157
"analisandos de quarta-feira" 31
análise estendida 26–36, 65–75, 126, 153–57; como situação temporária, 159–60; criando ambiente acolhedor, 27, 67–68, 72, 84, 93, 154, 163; experiências emocionais durante, 131–34; explicando ao analisando, 65–69; fator humano, 73–74; fisicalidade da sala, 133; fornecimento de água, 86–87, 94, 96–97, 106–07, 103, 111, 198; honorários, 67,

70–71; importância de manter a análise comum, 169; não recomendado para muitos casos, 165; reação da família e amigos para, 71; estados reflexivos, 137–41; resistência a, 69; retomada do padrão normal de análise após, 157–58; *ver* sessões de dia inteiro

analista abordagem intervencionista versus recessiva, 50–51; ansiedade do, 54, 159–60, 170–71; ato de interpretação, 88–89, 120–21, 184–85; distanciamento do analisando do, 78; comunicação inconsciente com analisando, 49–50, 185–86; contratransferência, 32, 41, 83, 182; dependência do 162; diálogo com analisando, 50, 150; efeito da lentidão da resposta pelo, 83–84; escuta pelo, 117, 124, 184; esquiva em prever o futuro do paciente, 89; estado meditativo do, 83, 198; erros do 196; explicação lúcida, 141–48, 151, 185; fala do, 184; fazendo perguntas, 56; fúria contra o, 81; importância de manter a força do ego do paciente, 162–63; importância da mente aberta, 72; importância dos limites de tempo, 90; 'impressionabilidade' do (abertura à forma de caráter do paciente), 50–51; necessidade de suspensão da presença interpretativa, 109–10; negociar termos de tratamento, 92; ódio do, 163; papel como ego auxiliar, 183–84; papel do idioma conversacional, 98; papel da experiência, 171; paradigma professor-aluno, 174; paternalismo do, 93; preparação para sessões de dia inteiro, 197–98; processo de elaboração, 146–52; psicoterapia defensiva por, 69; resistir às demandas do paciente para análise estendida, 164–65; supervisão do, 161, 171; recém-qualificados, 161, 171; tempo de espera durante a sessão, 56

ansiedade de alarme, 59–60, 72, 127; do analista, 54, 160, 171; do ego 127; flutuante, 59; primária, 59, 61–63, 72

après-coup 53, 125, 160, 181–83
Arbours Association, The 32
Arendt, Hannah 131
assistentes sociais 27, 80–81, 83, 168
associação livre 51, 55, 62, 103, 110, 117, 121, 124, 133, 161, 167, 182, 193
axiomas do paciente, 24–25, 39, 43, 132, 138, 155–56, 186

B
Balint, Michael 31, 162, 181
Berke, Joseph 32
Bogdan, Radu 149, 151
brincar 98, 186

C
celebridades identificação com, 44
Centro Austen Riggs 37, 93
Chicago Workshop on Psychoanalysis 36
choque 79, 116–17, 145

ciências sociais 136
C. G. (clínico geral) papel de,
26–27, 66, 77, 79–80, 83, 90, 93
colapso deixar acontecer,
123; evitação por meio de
relações curativas, 75; como
desintegrativo e formativo,
114–15; pode levar à diminuição
permanente da função,
28–29; decodificação, 138;
discordância sobre indicações
de, 169–70; efeito da falta de
tratamento, 194–95; medo do,
45; natureza angustiante do,
153, 157; importância do senso
de tempo, 90–91, 10–102, 180;
duração e estágios do, 126;
necessidade de fazer ajustes
para o, 168–69; abertura do
inconsciente durante o, 188–89;
memória pós-recuperação
do, 157; anteriores, 41–42; e
psicoterapia prévia, 172–73;
como necessidade psicológica,
153, 160–61; pânico secundário
sobre o fato, 89; série, 46; sinais
de, 49–64; semelhança com os
sonhos, 138; estruturação do,
25, 41–46; repentino, 54–63, 73;
como momento transformativo,
180–81; duas formas de, 52,
129; duas origens separadas
de, 181–82; inadequação da
TCC e DBT como tratamentos,
174; sinais de alerta, 52–53;
A atitude de Winnicott, 192
comentários retóricos
(por paciente), 107
comunicação de caráter, 49–50
conceitualização do outro
empático, 117
condensação processo de,
115–16, 138

Conferência Arild Suécia, 36
confidencialidade 190
conhecido não pensado 110,
119–20, 129, 132
consciência expandida, 141
controle perda de 59, 98–99
contratransferência 32, 83, 133, 182
conversa pelo analista, 50, 98;
compulsiva, 62; *ver* discurso
crescimento e desenvolvimento
processo de, 82–83

D
defesas após colapso não tratado,
194–95; contra ansiedade
primária, 60; infância, 109;
desmantelamento, 162;
do ego, 115–16, 126
democratização psicótica 62
depressão agitada, 62, 145–49,
170; estudo de caso, 141–43;
crônica 29; clínica, 61, 170
desidratação psíquica 62
desvio tática de, 25
diagnósticos de autismo/
Asperger, 45; clássica, 39–40
diálogo com o analisando, 51, 150
dissociação 52, 60
distância 52, 79, 96, 103–04, 145

E
efeitos corporais 53, 82, 99–100,
119, 131
ego capacidade do analisando
de transformar, 157; analista
na função de auxiliar do, 184;
auxiliar ou suplementar, 59;
defesas criadas pelo, 115, 127;
desenvolvimento do bebê ao
adulto, 126; desintegração
do, 59; e o futuro, 127–28;

importância de manter a força do, 70, 162-64; importância do senso de tempo, 90; recursos internos, 91, 102; inteligência de apresentação, 130; perda de função, 59-62, 69-70; papel organizador, 121, 126, 157; relação consigo mesmo, 114-15, 127; na esquizofrenia, 128

enclave autístico uso do termo, 45

equipe de apoio 27, 36, 65-67, 83, 89, 154, 161, 168, 171, 190, 199

equipe *ver* equipe de apoio

escuta 117, 123-24, 184

escuta livre 117

estados do *self*, armazenados, 117-19

estado meditativo 83, 198

Estados Unidos da América medo de litígio, 69; terapia conjugal e sigilo, 191; restrições regulatórias, 34

estudos de caso Alex (choque na infância), 116-17; Anna (percepção irreal do *self*), 85-102, 154-56; Belinda (colapso repentino), 55-58; Clara (depressiva), 141-43; Emily (perda na infância), 77-84, 154-55, 171; Helen (ataques de pânico) 143-48; Lila (*self* colapsado), 47; Mark (afeições retidas), 103-12, 115, 154-56; Tim (*self* colapsado), 47

Europa menos restrições regulatórias, 35

evento precipitante

evidência científica 176-77

exaustão 109

experiências pré-verbais 119, 129, 131-33

experiências sensoriais 133

explicação lúcida 141-48, 151, 185

experiências emocionais 129-36, 141, 173-74, 181; complexidade e impacto durante as sessões, 132-33; do bebê, 131; falta de memória de, 157

F

fala incoerente, 59; lenta ou empolada, 52-53, 60; *ver* conversa

família reação à terapia estendida do analisando, 71; *ver* pais

fé egoica 127

Franz Alexander Lecture 36

Freud, Sigmund 31, 50, 83, 124, 138-39; Caso Dora 176; sobre a associação livre, 55; teoria da reflexividade, 149; teoria do trauma, 116

Fromm, Gerrard 93

futuro, o capacidade de sentir, 126; investimento mental no, 127-28; necessidade de evitar a previsão do paciente, 89

função intestinal perda da, 99-100

fúria 62, 105; com o analista, 81

H

Heimann, Paula 184

Hirsh, James 150

história 113-22, 129, 139, 188-89

hospitalização 24-26, 30, 33, 42, 90, 160-61, 170, 180, 196

histeria 21, 39

I

idioma informal 98

idioma de ser 51, 53

inconsciente, o e comunicação entre analista e analisando, 49–50, 185–86; Freud e, 124; função do, 114–15; importância do conhecimento dentro do, 192–93; e pulsão interrogativa, 193–94; abertura durante o colapso, 188–89; relação com o *self* consciente, 141, 149–52; relação com evento precipitante, 121; resposta ao choque, 115–16; papel do ato de interpretação, 120–21; no papel de mãe, 194; procura por outro empático, 117; como fonte de criatividade, 151

infância abuso na, 74; memória eidética da, 80–81; expectativa e busca pelo outro empático, 117–18; cuidados humanos inadequados, 74, 77–78, 82; dar sentido às defesas, 109; ligação do passado recente com, 115; papel da linguagem 119; terapia durante, 184–85; traumas, 58, 68–69, 74–75, 116–17, 154; vulnerabilidade da mente da criança, 74; *ver também* infância e pais; teoria do afeto e, 130–31; fraqueza do ego, 181; existência do *self* central, 82–83; experiência inconsciente (pré-verbal) de, 119, 129–30, 133

infinito medo de, 90–91

insight evitar, 101

instinto de morte 44, 195

instinto de vida 69, 89, 158, 195

intermental 149–52, 185–86

interpretação ato de, 88–89, 120–21, 184–85

intervenções pelo analista, 51, 67–68

irrealidade sensação de, 82

J

James, William 164

K

Kernberg, Otto 169
Kingsley Hall 32
Klein, Melanie 169
Kohut, Heinz 169

L

Lacan, Jacques 169
Laing, R.D. 32
linguagem 73, 119, 129
linha de conflito 88
litígio medo de, 69
luz mudança na qualidade durante a sessão, 133

M

mãe percepção da criança da, 131; ódio da, 88, 97, 105, 108, 110–11, 115–16; consciência crescente do bebê da, 131; negligência pela, 82, 141–43, 154; o inconsciente no papel de, 194

Malan, David 175

Meade, Herbert 164

medicação 24, 30, 33, 45–46, 159–60, 170

médico *ver* clínico geral

memória das sessões de análise 157, 174; descontada pelo analisando, 145; do evento perturbador, 119; eidética 80–81, 126; fetal e infantil precoce, 133; congelada, 59; de curto prazo perda, 59–60; lúcida, 125; de razões para o colapso, 141

mentamental, a teoria de, 149–52

momento freudiano, O (Bollas) 117
motorista provisão de, 67, 80, 93, 106, 167-68
movimento hesitante, 53
mudança psíquica 141, 153-58, 189

N

necessidade simbólica 172
New Informants, The (Bollas e Sundelson) 190
núcleo dinâmico foco em, 175

O

objetificações projetivas, 134
organização pelo ego, 121, 126, 157
outro, o empático, 117, 118; suficientemente bom, 58; recusa do, 182-83

P

pacientes *borderline* 165, 169
pacientes esquizoides 29, 39-41, 75, 169
pacientes esquizofrênicos 27, 30, 128
pacientes maníaco-depressivos 26-27, 30
pacientes paranoicos 165
pacientes psicóticos 26, 32, 37, 94
pacientes seriais 46
pai falecimento do, 104, 110; idealização do, 88, 97, 154
pais falha dos 181-82; falta de intimidade, 142, 143; amorosos, 181-82; negligência pelos, 77-78, 141-43; papel no processo de desenvolvimento da criança, 2-83; *ver também* pai; mãe
palavras como gatilhos 119

pânico 60-61, 67-68; ataques, 144, 146, 170; secundário, 89, 90
par freudiano 117
parapraxia 57
parceiro potencial papel de cura do, 75; rejeição por, 58; *ver também* relacionamentos
passividade 43
passado, o 113-22, 129, 139, 188-89; relação com o futuro, 127
"pausas" (durante a análise) 96, 198-99
pensamentos insólito, 59; voz, 107; *ver* conhecido não pensado
perda 42, 57, 112; tratamentos superficiais e, 25
Philadelphia Association 32
pontos fortes reconhecendo, 78
preconceito de outro empático, 117
profissionalismo 178-79
projeção 62
psiquiatra papel do, 46, 66-67, 106, 146, 161, 167-68
psicanálise acusada de causar crise, 120; como conceituação de necessidade antiga, 117; diferenças e constantes na, 159-60; como tratamento de escolha, 32
psicanalista *ver* analista
psiconeurose 182-83, 189
pulsões conflitantes, 182-83
processo de elaboração 146-52

Q

questão infinita, A (Bollas) 193-94

R

realidade evitar, 61, 143-45; pessoal, 162
realização (percepção) 117, 120, 156

realização *ver* sucesso
renascimento 133
reflexão 140-41
reflexividade pelo *self*, 186; teoria da, 149, 151
reflexividade do *self* generativa, 186
regressão 31, 35, 153; por trauma, 35; maligna, 162
restrições regulatórias 34-35
Reich, Wilhelm 40
Reino Unido mandatos "baseados em evidências", 35; menos restrições, 34-35; sistema de trabalho flexível, 69-70
rejeição 42, 58, 105, 109, 156, 162, 194-95
relacionamentos dificuldades com 103-12; efeito de revelações poderosas no, 118, 194-95; cura, 75; hipomaníaco, 148; separação do casamento, 143-48; rejeição pelo parceiro, 58; *ver também* amigos
Rosenfeld, Herbert 41
retiro psíquico diagnóstico do, 46

S

self, o aliança com partes saudáveis do, 82; ataque ao, 134; construindo novos, 98, 141, 189; desenvolvimento do, 82-83; desintegração do, 98; distância do, 145; falso, 44; ideal oculto, 44; historicidade do, 113-14; importância de manter a vitalidade do, 162-63; importância do relacionamento com, 164; guerra interna, 182-83; aprendendo sobre, 102; negligência do, 81; renascimento do, 133; trabalho reflexivo sobre, 137-38; relacionamento com o ego, 115, 127; do esquizofrênico, 128; ameaça ao, 60; percepção irreal do, 44, 87-88, 100-02
"*selves* colapsados" 28, 43, 46, 194
Seminário para Candidatos Psicanalíticos, Universidade de Columbia 36
separação do casamento 196, 197
ser dimensão fundamental, 133-34; idioma do, 50-53
sessões de dia inteiro 29-30, 70-71, 124-25, 132-33, 156, 171-72, 187-88; preparando-se para, 197-99; *ver também* análise estendida
sessões de noventa minutos 81, 145-46, 186-87
setting mudança de 83, 125, 159-61, 167, 177-78; importância de aderir ao, 91; processo de proposição do, 65-68, 180; convencional, 123-24, 159
Sifneos, Peter 175
significado importância do, 173-74
silêncios durante as sessões, 53, 109-10, 125, 135
Síndrome de Asperger 45
sofrimento 42, 57-58, 108; intensidade do, 153-54; objetificação do, 132-33; prolongado, 33
sonho *Ur* 55, 149
sonhos compreendendo, 131-32, 138; pulsão questionadora no, 193-94; teoria da reflexividade e o, 149; vigília e, 125
sono curativo, 108-09, 111; perturbado, 146, 170
solilóquio 150

soluções rápidas 172
som mudança na qualidade durante a sessão, [210]
Steiner, John 154
sucesso ênfase no, 105, 141–43; sonhos irreais de, 44
suicídio 62; adolescentes e, 60
Sundelson, David 190
superego 183
supervisão 68, 161–62, 171

T
tempo evitar o estabelecimento de limites, 172; efeitos das horas do dia, 197–98; como *setting* para sessões convencionais, 123–24; importância do, 56, 123–28, 186–87; importância das fronteiras 90, 101–02, 180; praticidades do 187; sentido de, durante sessões prolongadas, 134–35
taxas/honorários 67, 70–71
TCC (terapia cognitivo-comportamental) 25, 173–75, 177
teoria da consciência 150–51
terapia conjugal nos EUA, 191
TOC (transtorno obsessivo compulsivo) 61
TCD (terapia comportamental dialética) 24–25, 173–75

trabalho absorção em, 75, 79, 91–92, 146; efeito da terapia estendida no, 69–71; incapacidade de se concentrar no, 59
tradição freudiana 51, 173, 181
tranquilidade durante a sessão de dia inteiro, 125–26
transferência 28–29, 32, 35, 52, 161, 178, 181–82, 192; Freud e, 139; interpretação da, 51; neutra, 44, 103
transtornos de personalidade 29, 40–41, 169, 175
transtorno de personalidade narcisista 169
trauma teoria do, 116
traumas infância, 59, 68–69, 74–75, 116–17, 153–55

V
vinculação processo de, 119–20, 141
visões 51, 80–82, 125, 137

W
Will, Otto, Jr. 37
Winnicott, D. W. 31–32, 44, 98, 162–63, 181, 186, 192

BOLLAS NA NÓS
O momento freudiano
Segure-os antes que caiam
O mundo dos objetos evocativos

Conselho Editorial
Lia Pitliuk
Luciana Pires
João Frayze-Pereira
Vera Barbosa
Diogo Oliveira

Dados Internacionais de Catalogação na Publicação (CIP)
de acordo com ISBD

B691s
Bollas, Christopher
   Segure-os antes que caiam / Christopher Bollas.
   Organização: Amnéris Maroni.
   Tradução: Liracio Jr.
   São Paulo: Editora Nós, 2024
   216 pp.

Título original: *Catch Them Before They Fall*
ISBN: 978-65-85832-14-4

1. Psicanálise. 2. Clínica. 3. Terapia. 4. Winnicott.
I. Jr., Liracio. II. Maroni, Amnéris. III. Título. IV. Série.
2023-3665   CDD 150.195 CDU 159.964.2

Elaborado por Vagner Rodolfo da Silva, CRB-8/9410

Índice para catálogo sistemático:
1. Psicanálise 150.195
2. Psicanálise 159.964.2

© Editora Nós, 2024
© *Catch Them Before They Fall*, Christopher Bollas, 2013
Todos os direitos reservados. Tradução autorizada da edição em inglês publicada anteriormente pela Karnac Books Ltd. e agora publicada pela Routledge, mebro do Grupo Taylor & Francis

Direção editorial Simone Paulino
Editor Schneider Carpeggiani
Assistente editorial Gabriel Paulino
Revisão da tradução Pedro Perússolo
Revisão Alex Sens
Projeto gráfico Bloco Gráfico
Assistentes de design Lívia Takemura, Stephanie Y. Shu
Produção gráfica Marina Ambrasas
Coordenador comercial Orlando Rafael Prado
Assistente comercial Ligia Carla de Oliveira
Assistente de marketing Mariana Amâncio de Sousa

Imagem de capa Gisele Camargo
Série "Brutos", 2018, 40 × 60 cm, acrílica e óleo sobre madeira

Texto atualizado segundo o novo
Acordo Ortográfico da Língua Portuguesa

1ª reimpressão, 2025

Todos os direitos desta edição reservados à Editora Nós
Rua Purpurina, 198, cj 21
Vila Madalena, São Paulo, SP | CEP 05435-030
www.editoranos.com.br

Fontes Neue Haas e Tiempos
Papel Pólen natural 80 g/m²
Impressão Margraf